Lieber Johannes!
Wir gratulieren von Herzen
zu Deinem

    73. Geburtstag.

Sibylle und Albert.

                    Türrich, den 1.10.2006.

Nathalie Daiber
Richard Skuppin
Die Merkel-Strategie

Nathalie Daiber
Richard Skuppin

Die Merkel-Strategie

Deutschlands erste Kanzlerin
und ihr Weg zur Macht

HANSER

Bibliografische Information Der Deutschen Bibliothek
Die Deutsche Bibliothek verzeichnet diese Publikation in der
Deutschen Nationalbibliografie; detaillierte bibliografische Daten
sind im Internet über http://dnb.ddb.de abrufbar.

Dieses Werk ist urheberrechtlich geschützt.
Alle Rechte, auch die der Übersetzung, des Nachdruckes und der Vervielfältigung des Buches oder Teilen daraus, vorbehalten. Kein Teil des Werkes darf ohne schriftliche Genehmigung des Verlages in irgendeiner Form (Fotokopie, Mikrofilm oder ein anderes Verfahren), auch nicht für Zwecke der Unterrichtsgestaltung – mit Ausnahme der in den §§ 53, 54 URG genannten Sonderfälle –, reproduziert oder unter Verwendung elektronischer Systeme verarbeitet, vervielfältigt oder verbreitet werden.

1 2 3 4 5   10 09 08 07 06

© 2006 Carl Hanser Verlag München Wien
Internet: http://www.hanser.de
Lektorat: Martin Janik
Konzeption und Realisation: Ariadne-Buch, Christine Proske, München
Redaktion: Katrin Pollems-Braunfels
Herstellung: Ursula Barche
Umschlaggestaltung: Büro plan.it, unter Verwendung von Bildmotiven von dpa und ullstein bilderdienst
Karikaturen: Klaus Stuttmann
Satz: KompetenzCenter, Mönchengladbach
Druck und Bindung: Friedrich Pustet, Regensburg
Printed in Germany

ISBN-10: 3-446-40664-6
ISBN-13: 978-3-446-40664-3

Inhalt

Einleitung oder
»Die hat sich echt durchgebissen« 11

Big Moments oder keine Angst vor
Vatermord: Fallbeispiel Helmut Kohl 19
   Die Spendenaffäre: ein Schock 20
   Demokratie 21
   Zwei Endpunkte einer Diagonalen 22
   Der Sprung 25
   Allein 26
   Politik als Experiment 28
   Strategien 29
   Das System Kohl 31
   Respektiere das Unvermeidliche 33
   Die Musterschülerin 35

Das Jeanne d´Arc-Prinzip oder
Arglosigkeit ist eine Waffe:
Fallbeispiel Wolfgang Schäuble 39
   Wolfgang Schäuble, der Förderer 40
   Der Skandal um die Castor-Behälter 42
   Der Spendenskandal:
   die Jeanne d'Union 43
   Die Basis – Angela Merkels
   Machtzentrum 46
   Der Parteivorsitz oder unterschätzt werden
   ist eine Waffe 48
   Die Parteivorsitzende als Kanzlerkandidatin
   oder Schritt für Schritt zum Ziel 50
   Loyalität oder »Metzgerei Merkel«? 51

Besser Strippenzieher als Rampensau:
Fallbeispiel Edmund Stoiber 55

   Das Idol und der Fan 57
   Sicherheit ist Stagnation
   oder scheue das Risiko nicht! 58
   Sage »Ja« zur Macht, um deine Ziele
   zu erreichen 61
   Gib nach, wenn eine Niederlage unvermeidlich
   ist, doch gib niemals auf! 62
   Beweise Loyalität, wenn es dir nützlich ist,
   oder lerne deine Grenzen kennen 63
   Das Duell der Granden oder warte,
   bis du am Zug bist 64
   Richte den Blick in die Zukunft! 66
   Der Schatten-Kanzler 68
   Das Desaster oder bewahre auch in ausweglosen
   Situationen einen kühlen Kopf! 70
   Das überholte Idol oder lass deinen Konkurrenten
   ins Leere laufen! 71

Mit neuen Netzwerken gegen alte Seilschaften:
Fallbeispiel Kohls Erben – Wulff, Koch und Co. 73

   Der Andenpakt 74
   Idylle in Adlershof 75
   Die K-Frage 76
   Schweigen 77
   Verschwörer im Hintergrund 79
   Handle, wenn du verloren hast 84
   »Girlscamp« und »Boygroup« 87
   Die Anden-Amigos halten
   zusammen 88

Inhalt

Vermeide Loyalitäten, die dir schaden:
Fallbeispiel Günther Krause 93
Ein ostdeutscher Vorzeigepolitiker 94
Angela Merkel im Demokratischen Aufbruch ... 97
Die helfende Hand Günther Krauses 99
Weiter denken 102
Ministerin 103
Krauses Fall 104
Keine helfende Hand für Krause 106

»Wir werden Kanzlerin!«:
Fallbeispiel Alice Schwarzer 113
Witz ist die beste Waffe gegen unwichtige
Themen 115
»Keine Leistung durch Styling«
oder was trägt die erste Bundeskanzlerin? 117
Unterschätzt werden ist auch ganz nützlich 119
»Wir werden Kanzlerin«
oder der Reiz der Macht 121
Nicht alle Frauen sind gleich
oder Frau sein ist kein Programm 123
Ein parteiunabhängiges Unterstützerinnen-
Netzwerk 126

Vertraue deinem Killerinstinkt
und lerne schneller als die anderen:
Fallbeispiel Friedrich Merz 131
Übe dich in Geduld: Bleibe hartnäckig und warte,
bis deine Chance gekommen ist 133
Lerne aus den Fehlern deines Gegners,
und nutze die Profilierungssucht deines
Konkurrenten 137
Beweise Ausdauer: Ordne deinen Machtwillen
den Maximen der Vernunft unter! 141

Ziehe deine Truppen rechtzeitig zusammen,
und versetze den Todesstoß im richtigen
Moment 143
Handle kontrolliert und ohne Emotionen!
Nutze das Wissen deiner Gegner 145
Das verflixte siebte Jahr: Behalte rachsüchtige
Ex-Liebhaber im Auge! 147

Zeige Durchsetzungsstärke, wenn es dir wichtig ist: Fallbeispiel Horst Köhler 149

Ein taktisches Meisterstück 150
»Attempto« – suche dir selbstbewusste
Unterstützer, die loyal zu dir stehen 151
Fälle frühzeitig Entscheidungen,
doch sprich nicht darüber 154
Denke mehrere Schritte im Voraus 157
Suche dir ein willfähriges Werkzeug,
das unpopuläre Arbeiten für dich erledigt 159
Gib deinen Gegnern das Gefühl,
die Handelnden zu sein 163
Quid pro quo oder gibst du mir etwas,
dann gebe ich dir auch etwas 164

Der schlechteste Wahlkampf aller Zeiten: Fallbeispiel Paul Kirchhof 167

Bediene dich ausgewiesener Fachkräfte 168
Eine Wunderwaffe gegen den Mythos der
Wahlkampfmaschine 169
Von einem, der auszog, in dieser Republik
den Reformeifer wieder anzufachen 172
Paul im politischen Wunderland 174
Ein Maulkorb für den Wahlkampfknaller 176
Beende ein Experiment, wenn es
gescheitert ist! 178

Mach deine Konkurrenz überflüssig:
Fallbeispiel Gregor Gysi 181
   Was warst du im November 1989? 183
   Willkommen in der Politik oder bestimme
   Strukturen und Hierarchien lieber selbst! 185
   Heimat DDR oder Ossi ist nicht gleich Ossi 187
   Ein Leben im Wartestand oder bestimme dein
   Schicksal selbst! 190
   Der Auskunfts-Ossi versus die
   Gesamtdeutsche 192

Schlusswort oder der Fall Schröder 197

Einleitung oder
»Die hat sich echt durchgebissen«

Einleitung oder »Die hat sich echt durchgebissen«

Es gibt diese Karikatur von Angela Merkel: Sie zeigt die Kanzlerin, wie sie sich durch den Zaun des Kanzleramtes gebissen hat und Eisenspäne ausspuckt. Eine Karikatur, die ihr selbst gefällt. Schröder, ihr Vorgänger, hat an den Gittern gerüttelt, so sagt es zumindest die »Legende« und gerufen: »Ich will hier rein!« Angela Merkel, seine Nachfolgerin, hat sich zäh und beharrlich vorgearbeitet. Ob sie tatsächlich schon 1990 davon geträumt hat, das erfahren wir wohl erst, wenn sie Altkanzlerin ist. Im Jahr 2000 aber, in dem sie Parteivorsitzende wird, ist das zumindest eine Option. Auf ihre pragmatische Art spricht sie nicht von einem Traum, sondern sagt: »Ich wäre lieber in der Regierung als in der Opposition. Regieren ist eben viel konstruktiver.« Jetzt ist sie die erste und die jüngste Bundeskanzlerin Deutschlands. Ihrem Aufstieg an die Spitze allerdings haftet so gar nichts Selbstverständliches an. Schröders Biografie klingt wie ein »schlechter Roman«. Er kommt von ganz unten und arbeitet sich vom Hilfsarbeiter nach ganz oben zum Bundeskanzler hoch. Ihre Lebensgeschichte dagegen ist die einer Seiteneinsteigerin, sie gelangt aus dem politischen Niemandsland Ost an die Macht.

> »Ich wäre lieber in der Regierung als in der Opposition. Regieren ist eben viel konstruktiver.«
>
> Angela Merkel

Wo liegen die Qualitäten der neuen Kanzlerin? Wie hat sie das überhaupt geschafft? Und: Was kann ich von Frau Merkel lernen? Das Buch will keinen Mythos Merkel aufbauen, wie es gerade angesichts des unglaublichen Aufstiegs der neuen Bundeskanzlerin so viele Berliner Journalisten tun. Es gilt eher, ihr System zu entmystifizieren und durchschaubar zu machen. Welche Strategien lassen sich erkennen, die es ihr ermöglichen, alle Hindernisse zu überwinden?

Einleitung oder »Die hat sich echt durchgebissen«

Über ihrer ganzen Karriere schwebt ein »Trotzdem«: Trotz ihrer Herkunft aus dem Osten, trotz ihres Geschlechts, ihrer kurzen Karriere, ihrer zahlreichen sehr starken Konkurrenten, trotz ihrer Unbeholfenheit und trotz der unentschiedenen Wähleroption steht sie heute als erste deutsche Bundeskanzlerin dem Kabinett vor. Aus all diesen »Trotzdems« hat sie immer ein »Deswegen« gemacht. Weil sie aus dem Osten kommt, weiß sie, dass Umbruch etwas Positives sein kann. So ist sie diejenige, die mit ihrem berühmten *FAZ*-Artikel die CDU von ihrem Übervater Kohl lossagt. Weil sie aus dem Osten kommt, wird sie Parteivorsitzende. Ist sie doch die einzige, die noch glaubwürdig ist in der Union. Sie konnte ja gar nicht an den Schwarzgeldkonten beteiligt sein. Damals, als diese geheimen Kassen entstanden, war sie noch Physikerin an der Akademie der Wissenschaften in Ost-Berlin. 1989 nutzt sie die einmalige Chance, ein zweites Leben zu beginnen, jenseits vom Osten. Weil sie also Politikerin im Westen wird, ist sie vielleicht die erste Gesamtdeutsche in der Republik. Den viel geliebten und gehassten charismatischen Vorzeige-Ossi Gregor Gysi hat sie damit auf lange Sicht längst überholt.

Weil sie eine Frau ist, muss sie sich zwar einerseits ständig über ihre Frisur und ihr Aussehen äußern, andererseits verschafft ihr das einen Kreis von mächtigen Unterstützerinnen. An vorderster Front steht die sonst linksorientierte Feministin Alice Schwarzer.

Früher galt Angela Merkel selbst in den eigenen Reihen als naiv und harmlos, aus dem Osten eben. So hat sie 1990 begonnen. »Als andere mich harmlos nannten, war das eine Zeit, in der ich mir die Freiheit nehmen konnte, erst einmal viele Optionen abzuwägen.« Nur zehn Lehrjahre zuerst als Frauenministerin, dann als Umweltministerin und von 1998 bis 2000 als Generalsekretärin der westdeutschen Männer-Partei Union haben ihr gereicht. Dann

13

war Angela Merkel die Chefin der »wilden Kerle«. »Am Mut zur Entscheidung hat es mir nie gefehlt.« Damit hat sie sich von »Kohls Mädchen«, an Wolfgang Schäuble und Roland Koch, Christian Wulff, Friedrich Merz und Edmund Stoiber vorbei, bis zur Bundeskanzlerin hochgearbeitet.

> »Als andere mich harmlos nannten, war das eine Zeit, in der ich mir die Freiheit nehmen konnte, erst einmal viele Optionen abzuwägen.«
> Angela Merkel

»Ach, Angela«, so formulierte es Michael Glos, »Wer wird dein nächstes Opfer sein?« Dass sie eine scharf kalkulierende Machtpolitikerin ist und sich gegen alle ihre Gegner durchsetzen konnte, das hat sie in 15 Jahren »Merkelismus« in der CDU bewiesen.

Angela Merkel war niemandem wirklich sympathisch. Auch als Bundeskanzlerin verbreitet sie einen eher nüchternen Charme: »Wenn ich mich über etwas freue, kann ich zugleich sehr zurückhaltend sein. Man muss ja nicht immer gleich losprusten.«

Erst ganz spät, am Ende der Koalitionsverhandlungen mit der SPD, wirkt sie so, als ob sie das Amt tatsächlich auch ausfüllen könnte. Und siehe da, plötzlich wünschen sich auch die Menschen im Lande Angela Merkel. Im November 2005 schneidet sie bei den Umfragen zum ersten Mal gut ab. Sicherlich auch, weil alle froh sind, dass in Deutschland nach dem ewigen Hin und Her seit der Neuwahlankündigung von Gerhard Schröder im Mai endlich wieder regiert wird.

Allerdings ist im Gegensatz zu ihren Vorgängern Schröder oder Kohl das Bad in der Menge nicht ihre Sache. »Ich habe mich anfangs eher gefürchtet ... Das alles hängt auch damit zusammen, dass Extrovertiertheit in der DDR nun wirklich nicht sehr gefragt war. Da wurde jede kleinste Veränderung registriert, Jeans aus dem Westen, Pelikan-

Einleitung oder »Die hat sich echt durchgebissen«

Füller oder was sonst als Unterschied zu anderen interpretiert werden konnte. Was diese Dinge angeht, habe ich in der DDR eigentlich schon extrovertiert gelebt. Ich besaß manche Dinge aus dem Westen, hatte vieles gelesen. Nur im Westen fiel man mit solcher Extrovertiertheit dann nicht mehr auf.« So ganz hat sie das nie abgelegt. Bei all ihren Auftritten scheut sie den Gang durch die Menge. Es scheint mehr ein Vermeiden der Bevölkerung als eine Begegnung. Dazu gehört, dass sie auch als Rednerin nicht gerade mitreißt. Zahlen und Fakten – wie eine gelangweilte Lehrerin zählt sie sie auf. Wahlkampfbesuche wirken eher wie Unterricht im freudlosen Abendgymnasium als ihre Herzensangelegenheiten. Und dann das Fernsehen. Lebten wir tatsächlich in einer Mediendemokratie, wie häufig beschworen, dürfte es Angela Merkel als Kanzlerin eigentlich nicht geben, nicht einmal als Kandidatin. Im Gegensatz zu ihrem Vorgänger Gerhard Schröder wirkt sie bei all ihren Auftritten so, als ob die Kameras ihre Feinde wären.

Der letzte Wahlkampf geriet zum politischen Schlingerkurs. Es unterliefen ihr Fehler, mit denen sie ihren satten Vorsprung vom Mai 2005 fast vollständig verspielte. Als 2003 nach der Niederlage Stoibers klar war, dass bei der nächsten Wahl keiner mehr an ihr vorbeikommen würde, da offenbarte sie eindeutige Ziele: radikale Reformen, Kopfpauschale und Gesundheitsprämien, so hießen ihre Konzepte. Aber schon zu Beginn des Wahlkampfs rudert sie zurück, plötzlich versucht sie, alles zu vermeiden, was nach sozialer Kälte klingt. Dabei sind Paul Kirchhofs Vorstellungen von einer radikalen Steuerreform ihr persönlich wohl näher als das gemäßigte Konzept der CDU. Paul Kirchhof: Auch seine Berufung stellt sich als Fehler im Wahlkampf heraus. Präsentierte sie ihn bei der Vorstellung ihres Kompetenzteams auch aus der Personalnot heraus,

Einleitung oder »Die hat sich echt durchgebissen«

weil keiner der Landesfürsten von Koch über Wulff und schon gar nicht Stoiber so richtig mitmachen wollte, so sollte er doch in der bisherigen Eintönigkeit und Unentschiedenheit der CDU endlich Abhilfe schaffen. Es endete in einem stetigen Zurücksteuern von Angela Merkel.
Deshalb ist sie nicht direkt und schon gar nicht eindeutig gewählt worden. Mit gerade 35,2 Prozent der Wählerstimmen holte sie bei der Bundestagswahl zwar noch immer 0,8 Prozentpunkte mehr als die SPD, dabei aber auch eines der schlechtesten Ergebnisse der CDU seit Jahrzehnten. Ein solch unentschiedenes Wahlergebnis gab es noch nie in Deutschland. Was auch an Merkel selbst lag: Sie als Kanzlerin, das konnte sich kaum einer vorstellen, das konnte sie im Wahlkampf nicht vermitteln. Dazu hat sie zu viele Fehler gemacht, wenn es auch ihr erster richtiger Wahlkampf war, bei dem es um sie als Person ging. Vorher war sie nur die Frau im Hintergrund gewesen, es ging immer um die Partei. Für die Partei hatte sie Siege auf den Wahlkampfpodien der Nation zu erringen, nicht an erster Stelle für sich.
Doch heute ist Angela Merkel Bundeskanzlerin. Sie war die letzte, die in dem ganzen Reigen der Nachwahl-Eitelkeiten übrig blieb. Aufgeben kam für sie nicht in Frage. Auch, weil sie kein Bundesland hat, in das sie hätte zurückkehren können – Ministerpräsidentin war sie nie. Auch, weil sie nicht wie die Juristen und Volkswirte in ihren Beruf zurückkehren könnte – viel zu lange hat die Physikerin nicht mehr geforscht. Da wartet kein lukrativer Job in der Wirtschaft, kein brillanter Auftritt im Gericht auf sie.
Nun regiert sie in einem ganz neuen Stil. »Helmut Kohl schrieb heftige Briefe, wenn man nicht wie er wollte. Ich habe davon eine Menge bekommen«, sagt Rita Süssmuth. Per Post rief er die Rebellen wortgewaltig zur Räson. Die Parteivorsitzende und Bundeskanzlerin Angela Merkel be-

nötigt für Mitteilungen nur 160 Zeichen – sie ist im SMS-Fieber. Selbst bei wichtigen Konferenzen bleibt ihr Telefon eingeschaltet, wenn auch leise gestellt. So ist sie immer mit der Partei verbunden. Von Franz Müntefering erfuhr sie per SMS, dass er als Parteivorsitzender der SPD zurücktritt. »Simsen« sei viel einfacher als telefonieren, sagt sie, »und ich ›simse‹ auch beim Kochen«. Es kann dann schon mal vorkommen, »dass die Rouladen anbrennen«. Mit 160 Zeichen maximal pro Nachricht führt sie ihre Partei.
Doch all das allein erklärt noch nicht Angela Merkels Erfolg.

Big Moments oder keine Angst vor Vatermord:
Fallbeispiel Helmut Kohl

Sie hieß noch nicht Angela Merkel und lebte als Tochter des Pastors in Templin in der Uckermark. Da zögerte Angela Kasner im Schwimmunterricht geschlagene 45 Minuten lang, bis sie vom Dreimeterbrett ins Wasser sprang. Die meisten der anderen Schüler waren schon in der Umkleidekabine. Sie hatten keine Lust mehr zu warten. Gesprungen ist Angela dann doch noch. Allerdings erst in der letzten Minute, pünktlich, als das Klingelzeichen ertönte. Mut zum Risiko war ganz eindeutig nicht ihre Stärke. Doch »Kasi«, wie ihre Freunde sie nannten, kannte den richtigen Zeitpunkt.

Die Spendenaffäre: ein Schock

Genau so ein Zeitpunkt kam im Dezember 1999. Eine vernichtende Spendenaffäre tobte in der CDU. Seit dem 4. November war nichts mehr sicher in der Union. Ehemalige Helden galten plötzlich als Lügner und Betrüger. An diesem schwärzesten Tag in der Geschichte der Partei wurde wegen Steuerhinterziehung Haftbefehl gegen Walther Leisler Kiep, den früheren CDU-Schatzmeister, erlassen. Kiep stellte sich und erklärte freiwillig, dass er im August 1991 eine Million D-Mark vom Waffenhandelslobbyisten Karlheinz Schreiber in bar erhalten und als Spende an die Union weitergeleitet hatte. Die »heile Welt« der CDU brach zusammen: Alle neu auftauchenden Informationen über die illegalen Geldgeschäfte einiger weniger Vertrauter Helmut Kohls offenbarten eine zutiefst hierarchisch organisierte Partei. Hier durfte nur einer bestimmen, wo es langgeht, die anderen folgten dankbar. So fragte innerhalb der CDU niemand, woher eigentlich das Geld kam, das man so bereitwillig für die Wahlkämpfe annahm.

Demokratie

Demokratische Kontrollmechanismen in der Partei? Fehlanzeige! Wahrscheinlich war die junge Generalsekretärin Angela Merkel 1999 ebenso überrascht und geschockt von den täglich neuen Enthüllungen wie die Öffentlichkeit. Denn in den Achtzigerjahren, als sich mit der Flick-Affäre die Vorboten bereits angekündigt hatten, saß sie noch hinter dem eisernen Vorhang und arbeitete als Physikerin an der Akademie der Wissenschaften in Ost-Berlin. Politik, schon gar Parteipolitik, war ihr fremd. Aber der Westen war demokratisch, das wusste sie – und sie träumte davon.

Demokratie

Ihr Vater war erst 1954 als frisch gekürter Pastor in den sozialistischen Teil Deutschlands gegangen. Er wollte keine gut situierte Stelle im freien Westen, nein, die Pionierarbeit in einem atheistischen Staat empfand er als seine Berufung. Mehrere junge westdeutsche Pastoren übersiedelten damals aus Überzeugung in den Osten, was kaum bekannt ist.
Horst Kasner wurde in Berlin-Pankow geboren und nahm von Hamburg aus die Stelle als Seelsorger einer Gemeinde in der Berlin-Brandenburgischen Kirche an. Angela Merkels Mutter, Herlind Kasner, folgte ihm mit der wenige Wochen alten Tochter – »aus Liebe«, wie Angela Merkel später verständnislosen CDU-Anhängern erklärt. Als die Mauer gebaut und der Kontakt zu den Verwandten im Westen jäh unterbrochen wurde, tröstete man sich in der Familie Kasner mit dem Spruch: »Wenn die Mauer fällt, dann gehen wir im Kempinski Austern essen.«
Als »Musterschülerin der Demokratie« beruhte das Verständnis der jungen Angela Merkel nicht auf erlebter Er-

fahrung, sondern auf dem erträumten Kontrast. Wie Diktatur und Schweigen zusammenhingen, so sollten es auch Freiheit und Demokratie. Eine Korruption dieses Ausmaßes, wie es in der Spendenaffäre sichtbar wurde, kam in ihren Vorstellungen nicht vor und war ihr in den vergangenen zehn Jahren »Schnellkurs in westdeutscher Demokratie« noch nicht begegnet. Im November 1999 fiel es nun ausgerechnet ihr zu, die Öffentlichkeit aufzuklären über Konten, von denen sie selbst nichts wusste. Jeden Tag veröffentlichten die *Süddeutsche Zeitung* und die großen Nachrichtenmagazine immer neue Details und Vorwürfe. Von der Staatsanwaltschaft waren die Generalsekretärin und der Parteivorsitzende Wolfgang Schäuble nur kurz informiert worden. Und Helmut Kohl? Der stritt erst ab, überhaupt etwas gewusst zu haben. Erst nachdem der Waffenhändler Karlheinz Schreiber von Kanada aus in Exklusivinterviews immer wieder Gerüchte streute, gaben erst Ex-Generalsekretär Heiner Geißler und dann auch Helmut Kohl zu, über die Millionenspenden informiert gewesen zu sein. Von dieser Seite hatte die bedrängte neue CDU-Spitze keine Hilfe zu erwarten. Im Gegenteil: Merkel und Schäuble machten in Pressekonferenzen dann auch eher den Eindruck, als ob alle anderen mehr wüssten als sie. Mühsam und häufig hilflos reagierten sie und beteuerten immer wieder ihren Willen zur gnadenlosen Aufklärung. Was blieb ihnen denn auch anderes übrig?

Zwei Endpunkte einer Diagonalen

Enttäuscht antwortete Angela Merkel auf die Frage, ob sie und Schäuble Altkanzler Kohl drängen würden, doch noch die Namen der Spender zu nennen: »Ich bin doch nicht

Zwei Endpunkte einer Diagonalen

kindisch. Der Mann ist erwachsen. Er teilt uns per Fernsehen mit, dass er sein Ehrenwort halten will. Er lässt uns hier hängen. Während wir jeden Tag neue Meldungen haben und ich mich fühle wie auf einer Eisscholle, auf der man nie weiß, was im nächsten Moment Schreckliches passiert.«

> »Ich bin doch nicht kindisch. Der Mann ist erwachsen. Er teilt uns per Fernsehen mit, dass er sein Ehrenwort halten will.«
> Angela Merkel

Die Enttäuschung über ihren einstigen Lehrer und Förderer war groß. Immerhin war sie sein »Mädchen« gewesen, »die Neue«, wie Kohl sie Anfang der Neunzigerjahre bei einem Besuch in den USA Präsident George Bush sen. vorgestellt hatte.

Die einstige stellvertretende Regierungssprecherin unter Lothar de Maizière hatte, als es vorbei war mit der DDR, fleißig mitgearbeitet an der Vereinigung und letztlich an der Abschaffung ihrer eigenen beruflichen Zukunft. Einfache Bundestagsabgeordnete war sie zwar noch geworden, doch erst Helmut Kohl holte sie in die Regierung und machte sie zur Familien- und Frauenministerin und dann 1994 zur Umweltministerin – sein liebstes Ministerium für den Nachwuchs.

Sie hatte sich und ihn Jahre zuvor als »zwei Endpunkte einer Diagonalen« beschrieben: »Hier die im politischen Geschäft noch Neue, dort der erfahrene Staatsmann; der Kanzler aus dem Südwesten unseres Landes, ich aus dem Nordosten, der eine katholisch geprägt, die andere im evangelischen Pfarrhaus aufgewachsen; er in ungebrochener Kontinuität der Gründergeneration Konrad Adenauers, ich dagegen mit 35 Jahren gelebter Sozialismus-Erfahrung in der DDR; hier eine Frau, die einer Generation angehört, die nur ein geteiltes Land gekannt hat, dort ein Mann, der die Schrecken des Krieges noch selbst erfahren musste.« Damals hat sie ihn bewundert.

Aber 1999 drohte dieser Mann seine Partei zu ersticken. Derselbe Mann, der den rheinischen Kapitalismus ebenso verkörperte wie den demokratischen Westen gegenüber dem kommunistischen Osten. Diesem Einheitskanzler, das wurde Angela Merkel immer deutlicher, war die Partei schlicht egal. »Nach Kohl die Sintflut«, titelte *Die Zeit* und resümierte: »Illegal, legal, scheißegal, das einstige Motto autonomer Gruppen trifft jetzt wohl eher auf den Altkanzler zu.« Wenn er schon untergehe, soll doch die Partei gleich mit sinken.

In der Beurteilung des Altkanzlers nach seiner Wahlniederlage 1998 sind übrigens Gerhard Schröder und seine Nachfolgerin einer Meinung: Immer wieder betonte Schröder, wie schrecklich er es fand, mit anzusehen, was aus dem großen Helmut Kohl nach 1998 geworden war, wie der Mann sich selbst vom Denkmal stieß. Kein Wunder also, dass Gerhard Schröder 2005, nachdem sich eine große Koalition klar abzeichnete, als Erstes sein Bundestagsmandat zurückgab. Den Parteivorsitz hatte er – aus der Not heraus – schon viel früher an Franz Müntefering abgegeben.

> »Hier die im politischen Geschäft noch Neue, dort der erfahrene Staatsmann; der Kanzler aus dem Südwesten unseres Landes, ich aus dem Nordosten; der eine katholisch geprägt, die andere im evangelischen Pfarrhaus aufgewachsen; er in ungebrochener Kontinuität der Gründergeneration Konrad Adenauers, ich dagegen mit 35 Jahren gelebter Sozialismus-Erfahrung in der DDR; hier eine Frau, die einer Generation angehört, die nur ein geteiltes Land gekannt hat, dort ein Mann, der die Schrecken des Krieges noch selbst erfahren musste.«
>
> Angela Merkel

Der Sprung

Schnell in der Auffassungsgabe war sie schon immer, das bestätigen alle ehemaligen und jetzigen Mitarbeiter, Korrespondenten und Kollegen. Und jetzt außerdem schnell entschlossen. Auch aus heutiger Sicht sprang Angela Merkel zum richtigen Augenblick. Sie wollte nach eigener Aussage den Prozess der Aufklärung sowie die Möglichkeit eines Neuanfangs der Partei beschleunigen, »um das Ganze wieder auf eine politische Ebene zu bringen und eine Zukunftsbotschaft zu senden.« Die 46-Jährige rief am 21. Dezember 1999 den damaligen Korrespondenten Karl Feldmeyer von der *Frankfurter Allgemeinen Zeitung (FAZ)* an und schlug ihm ein Gespräch vor. Wenn er wolle, könne sie aber auch selbst einen Artikel schreiben. Sie habe da schon etwas vorbereitet. Ein paar Minuten später hatte er das gefaxte Manuskript auf dem Tisch. Am 22. Dezember 1999 erschien der Artikel Angela Merkels. Heute gilt er als das historische Dokument für den Bruch der CDU mit Helmut Kohl:

»Die von Helmut Kohl eingeräumten Vorgänge haben der Partei Schaden zugefügt,« schrieb sie. Die Partei müsse laufen lernen und »sich zutrauen, in Zukunft auch ohne ihr altes Schlachtross, wie Helmut Kohl sich selbst gerne genannt hat, den Kampf mit dem politischen Gegner aufzunehmen. Sie muss sich wie jemand in der Pubertät von zu Hause lösen.«

> »Die von Helmut Kohl eingeräumten Vorgänge haben der Partei Schaden zugefügt.«
> Angela Merkel

Das war mutig, aber riskant. Während ihre innerparteilichen Konkurrenten in Demutspose vor dem mächtigen Ehrenvorsitzenden verharrten, nutzte Merkel den richtigen Augenblick, um sich als Musterdemokratin in Szene zu setzen. Niemand außer ihr hatte damals in der Union den Mut, die innere Unabhängigkeit und vielleicht auch eine wirklich so reine Weste, dass er es wagen konnte, so zu denken und es auch noch zu veröffentlichen. Angela Merkel ging ihr bis dahin größtes politisches Risiko ein.

Allein

Ein Alleingang. Wolfgang Schäuble wusste nichts von ihrem unkonventionellen, aber außerordentlich wirkungsvollen Coup. »Die Zeit Kohls ist unwiederbringlich vorüber«, lautete die Schlagzeile in der *FAZ*, und Schäuble rügte, dass eine solche Eigenmächtigkeit der Generalsekretärin gegenüber ihrem Parteivorsitzenden »allenfalls einmal in zehn Jahren vorkommen dürfe«. Doch hätte sie ihn gefragt, er hätte den Artikel verhindern müssen, und das wusste sie. Also sprang sie ohne Vorankündigung.

Die Spendenaffäre machte ihr aber auch noch etwas anderes deutlich: Sie zeigte Angela Merkel, wie machtlos sie bis dahin in der Partei geblieben war, wie wenig sie trotz acht Jahren Regierungs- und einem Jahr Parteiarbeit als Generalsekretärin in das wirkliche Machtzentrum vorgedrungen war: im Fall der Spendenaffäre ein ganz klarer Vorteil. Und als solchen spielte sie ihre bisherige Randstellung dann auch aus.

Sie verwandelte diese Schwäche überlegt in eine »occasione«, eine Gelegenheit, wie sie Niccolò Machiavelli beschrieben hatte. Sie ergriff die Gelegenheit, aus dem Schatten zu treten, und wurde so zur »Jeanne d'Arc« der CDU. Damit positionierte sie sich völlig neu: Im Dezember 1999 stand ihr Name für das, was der Übervater Kohl und viele aus seiner Gefolgschaft verspielt hatten – die Glaubwürdigkeit der CDU.

Auf die Frage, ob sie denn keine Angst vor Kohl gehabt habe, antwortete sie: »Warum sollte ich Angst haben vor jemandem, mit dem ich lange im Kabinett saß?«

Am erschütterndsten für Angela Merkel war die Erkenntnis, dass Helmut Kohl es nach der Flick-Affäre nicht geschafft hatte, die notwendigen Konsequenzen zu ziehen und die Mechanismen zu verändern. »Er hat ja einfach so weitergemacht. Politisch-kulturell gesehen, ist diese Spendenaffäre (1999) die Verlängerung einer Geschichte, die eigentlich Mitte der Achtzigerjahre abgeschlossen war«.

> » Warum sollte ich Angst haben vor jemandem, mit dem ich lange im Kabinett saß?«
> Angela Merkel

Im Grunde genommen hatte der Niedergang des Altkanzlers schon nach der Wahlniederlage 1998 begonnen: Und es war Angela Merkel, die das frühzeitig bemerkte. Ging Kohl ihr nicht auch auf die Nerven? Denn obwohl er abgewählt worden war, obwohl er alle Ämter in der Union noch am Wahlabend abgegeben hatte, obwohl 1998 Wolfgang Schäuble der Parteivorsitzende und Angela Merkel die Generalsekretärin war, dachte er gar nicht daran, die Fäden aus der Hand zu geben. Offensichtlich wurde das in der ersten Sitzung des neuen Bundestages im Herbst 1998: Helmut Kohl setzte sich in die erste Reihe der Unionsbänke im Plenarsaal, direkt neben Wolfgang Schäuble, auf den Platz, der eigentlich für den Parlamentarischen Geschäftsführer bestimmt war. Trotzig sagte er, Helmut Schmidt

> » Sie hat eine sehr scharfe Auffassungsgabe. Sie ist auch sehr gebildet. Sie ist wirklich eine hochintelligente, sehr kluge Frau. Außerdem hat sie diesen interessanten spieltheoretischen Zugang zur Politik: Geht es nicht so, probiere ich es eben anders.«
> Wolfgang Schäuble

habe doch auch immer ganz vorne gesessen, als er nicht mehr Kanzler war.

Nach der Wahlniederlage wollte Wolfgang Schäuble die Partei schnell reformieren und von der »entmündigten und traditionsbesessenen Partei« wieder hin zur »Partei der Mitte« formen – für jene Mitte, die jetzt Gerhard Schröder zum neuen Kanzler gewählt und nach 16 Jahren Kohl die Macht genommen hatte. Die Union musste sich erst wieder an ihre Oppositionsrolle gewöhnen. Für diesen Neuanfang machte Wolfgang Schäuble Angela Merkel zur Generalsekretärin. Er urteilte später über sie: »Sie hat eine sehr scharfe Auffassungsgabe. Sie ist auch sehr gebildet. Sie ist wirklich eine hochintelligente, sehr kluge Frau. Außerdem hat sie diesen interessanten spieltheoretischen Zugang zur Politik: Geht es nicht so, probiere ich es eben anders. Sie hat, was viele noch nicht verstanden haben, wahnsinnig viele und gute Kontakte in der Partei. Sie beherrscht den Umgang mit dem Telefon. Und vor allem steht sie für einen ganz anderen Stil der Kommunikation«.

Politik als Experiment

Angela Merkel ist Naturwissenschaftlerin – Physikerin. Und so begreift sie die Welt eben ganz anders als die vielen Juristen, Volkswirte, Lehrer und Soziologen, die sich sonst in der Politik tummeln. »Wenn Angela Merkel von der Unumkehrbarkeit eines Prozesses überzeugt ist, leistet sie sich keine Sentimentalitäten mehr.« (Evelyn Roll, 2005 in *Die Zeit*)

Während Juristen und Geisteswissenschaftler immer innerhalb eines Systems denken, dessen Auseinanderbrechen einer Katastrophe gleichkommt, arbeitet ein Naturwissenschaftler daran, neue Systeme zu entdecken, zu

Strategien

erforschen oder gar Systeme per Experiment zusammenbrechen zu lassen. Experimentelles Verhalten und Geduld zeichnen Angela Merkels Politikstil aus. Auch ihre Personalpolitik. Auf die Frage, wie sie denn die stetigen Anfeindungen und Unsicherheiten in ihrer Karriere aushalte, sagte sie: »Ich begreife es einfach als natürlichen Zustand.«

Nie war während ihrer gesamten Karriere tatsächlich etwas wirklich sicher, selbst ihre Kanzlerschaft stand nach dem 18. September 2005 auf der Kippe. Aber die Geduld, auch ein solches Experiment bis zum Ende durchzuhalten, ist als bemerkenswerte Eigenschaft an ihr zu beobachten. Gerne wird dies von Journalisten als »sie denkt vom Ziel aus« beschrieben. 1998/99 war das Ziel eine reformierte CDU, und das funktionierte nicht – nach der Spendenaffäre überhaupt nicht mehr – mit Helmut Kohl. Schon vorher war es enttäuschend, wie wenig er realisierte, dass er nicht mehr der große CDU-Lenker war, sondern die Macht abgeben musste.

Ob sie sich selbst gegenüber genauso »gnadenlos« verhält, wenn nur durch ihren Abgang ein »Prozess« weitergehen kann? Das muss sie erst noch beweisen. Bisher musste sie sich zu einer solchen Überzeugung noch nicht durchringen, sondern hat es immer geschafft, ihre Person in diese Prozesse einzubinden.

Strategien

Dabei darf eines nicht vergessen werden: Ihr eigenes berufliches Schicksal hing damals ebenfalls von der Partei ab. Mit der CDU hatte auch Angela Merkel ihre Macht verloren. Nach 1998 war sie nicht mehr Ministerin, sondern fand sich auf den Oppositionsbänken wieder. Auch für sie bestand die Gefahr, wie so viele Ex-Bundesminister als »einfache« Abgeordnete auf der Hinterbank (der Geschichte) vergessen zu werden – wie Theo Waigel, der einst so starke CSU-Mann und Finanzminister. In Fraktion oder Partei spielten die einstigen Bundesminister kaum noch eine Rolle. Und eine schwache CDU bedeutete auch

> »Auf einen knappen Nenner gebracht: Frauenpolitische Fragen und Themen hat sie hier gelernt. Und sich manchem geöffnet, dem sie sich als Ministerin noch verschlossen hat. Der Umweltbereich war ihr weit mehr auf den Leib geschnitten als das, was sie zunächst war. Aber wenn man selbst in dieser Zeit fragt, welche Fehler sie gemacht hat, fällt nichts Großes ein.«
> Rita Süssmuth

für Angela Merkel wenig Einfluss und kaum Gestaltungsmöglichkeiten. Wenn sie damals für die CDU kämpfte, ging es selbstverständlich um die Zukunft der CDU, aber sie war gleichbedeutend mit ihrer eigenen Zukunft. Schließlich hatte sie, als sie die Forschung verließ, alles auf die politische Karte gesetzt. Und ein Zurück gab es nicht mehr.

Doch Angela Merkel begreift schnell: Frauenpolitik hat sie erst als Frauenministerin gelernt, Umweltpolitik als Umweltministerin. Vielleicht wurde sie zu Recht von den Westdeutschen belächelt, weil sie eben immer so fremd in diesen Ämtern wirkte, so unerfahren, was sie ja auch war. Aber viele haben ihre Schnelligkeit unterschätzt.

Angela Merkel wächst an ihren Aufgaben, und sie war jung, ehrgeizig und voller Energie. Das Leben auf der Hinterbank entsprach ganz und gar nicht ihren Vorstellungen. Verständlich, sie hatte doch gerade erst angefangen, Politik tatsächlich zu gestalten. 1998 war sie Generalsekretärin geworden mit dem Ziel, die Macht zurückzugewinnen. Und das konnte sie nur erreichen, wenn sich die CDU wieder mehr in Richtung Mitte bewegte, Schröders Mitte. Damals sagte Angela Merkel: »Wenn wir die Mitte preisgeben und auf andere Felder ausweichen, dann hat Schröder uns in der Ecke, in der er uns haben will. Und in dieser Ecke sind keine Mehrheiten zu holen.«

> »Wenn wir die Mitte preisgeben und auf andere Felder ausweichen, dann hat Schröder uns in der Ecke, in der er uns haben will. Und in dieser Ecke sind keine Mehrheiten zu holen.«
> Angela Merkel

Noch heute »horcht« Angela Merkel auf die Mitte, das hat sie von Schröder gelernt. Sie ist keine explizit konservative Politikerin mit ebensolchem Weltbild: Sie präsentierte sich in ihrem Wahlkampfspot nicht mit »Oma und Dackel« wie einst Eberhard Diepgen (CDU) als Regierender Bürgermeister von Berlin.

Das System Kohl

Doch Helmut Kohl war zum Jahreswechsel 1999/2000 noch nicht so einfach mit einem *FAZ*-Artikel von der Parteimacht fern zu halten, im Gegenteil. Zwar musste er seinen Ehrenvorsitz abgeben, doch im Hintergrund blieb er der mächtige Mann. Und so wurde Kohl in der kurzen, aber schwärzesten Zeit der CDU zum Störfaktor Nummer eins der eifrigen Aufklärer Merkel und Schäuble. Er spielte brillant auf der Klaviatur seiner guten Kontakte und Seilschaften. Informationen gingen zunächst an ihn, nicht an den Parteivorsitzenden. So gab der ihm getreue Hauptabteilungsleiter Hans Terlinden einen Brief mit den Protokollen der Zeugenaussagen des CDU-Treuhänders Weyrauch zuallererst an seinen Ehrenvorsitzenden Helmut Kohl, während Schäuble und Merkel noch Ende November 1999 verzweifelt versuchten, an dieses Dokument zu kommen. Weyrauch hatte es an die Bonner Unionszentrale geschickt, nur war es dort auf dem Schreibtisch Terlindens gelandet, der es nicht an Schäuble, sondern an Kohl weiterleitete. So erfuhr Kohl vorab detailliert, was er zugeben musste und was nicht. Mit Telefonanrufen verabreichte Kohl die Informationen häppchenweise an Wolfgang Schäuble und bestimmte so weitgehend, was wie aufgeklärt wurde. Und Helmut Kohl stand auch nicht seinen Nachfolgern über die nicht deklarierten Spenden Rede und Antwort, sondern dem *ZDF*. Live im Fernsehen, nicht in der Parteizentrale, gestand er der ganzen Nation, von den Spenden gewusst zu haben, und verkündete, er werde sein Ehrenwort, die Spender nicht namentlich zu nennen, nicht brechen.

Am 29. Dezember erreichte die Spendenaffäre ihren vorläufigen Höhepunkt: Die Staatsanwaltschaft Bonn teilte dem damaligen Bundestagspräsidenten Wolfgang Thierse (SPD) mit, dass sie ein Ermittlungsverfahren gegen Helmut Kohl wegen des Verdachts auf »Untreue zum Nachteil der CDU-Bundespartei« einleiten wolle. Am 9. Januar sagte Kohls Anwalt in der *BILD am SONNTAG*, er sei sicher, dass außer der Million in »bar auch weitere Gelder der CDU gestiftet worden sind, ohne dass Helmut Kohl etwas davon gesehen und gehört habe«. Das war der offizielle Startschuss zu Kohls Gegenoffensive: Einen Tag später musste Schäuble zugeben, dass auch er 100000 D-Mark als Spende von Schreiber erhalten hatte. Und die Medien reagierten, wie Kohl es vorausgesehen hatte: Aus dem Fall Kohl wurde ganz schnell der Fall Schäuble. Das Kalkül des Altkanzlers ging auf. Sein Gegenspieler Schäuble musste seinen Hut als Parteivorsitzender nehmen. Sein Ende aber war der Anfang von Merkels Parteikarriere. Der Parteitag in

Essen am 10. April 2000 wählte sie mit 96 Prozent der Stimmen zur Parteivorsitzenden. Den Fraktionsvorsitz übernahm Friedrich Merz. Helmut Kohl war erstmals seit 1951 nicht anwesend.

Respektiere das Unvermeidliche

Kohls Macht, noch hinter den Kulissen die Strippen zu ziehen, ist angekratzt aber nicht gebrochen. Und Angela Merkel begreift auch das. Noch bevor Schäuble seinen Rücktritt erklärt, trifft sie sich, nach Informationen des *Focus*, im Geheimen mit ihrem einstigen Ziehvater. Nicht umsonst hatte sie am 22. Dezember auch geschrieben: »...(die Partei) wird trotzdem immer zu dem stehen, der sie ganz nachhaltig geprägt hat – vielleicht später sogar wieder mehr als heute.«

Auch der Beauftragte der CDU im Spenden-Untersuchungsausschuss des Bundestages, Andreas Schmidt, besprach sich vor jeder Sitzung mit Helmut Kohl. Von der »radikalen Aufklärung« und Umstrukturierung der Partei ist wenig übrig geblieben. Bis heute weiß niemand, wer die Spender waren.

> »Wer eine Krise bewältigen kann, ist damit nicht automatisch fit, eine Partei zu führen«.
>
> Angela Merkel

Zwar hat der spektakuläre Bruch Angela Merkels mit Helmut Kohl ihr einen Karriereschub in der Partei gebracht und sie zur Parteivorsitzenden gemacht, aber schnell musste sie lernen, wie sie selbst sagte: »Wer eine Krise bewältigen kann, ist damit nicht automatisch fit, eine Partei zu führen«.

Sie wusste sehr wohl, dass die Union nach wie vor einen Großteil ihrer Identität aus den glorreichen Zeiten unter

Helmut Kohl zog. Und Helmut Kohl intrigierte hinter den Kulissen so lange weiter gegen sie, bis sie sich ins Unvermeidliche fügte und ihn tatsächlich wieder auf den Sockel hob, von dem sie ihn so nonchalant gestoßen hatte. Laut der Merkel-Biografin Evelyn Roll streuten Kohls Getreue das Gerücht, Merkel habe sehr früh schon von der 100 000 D-Mark-Spende Schäubles gewusst. Dass bekannt wurde, dass auch der Landesverband Mecklenburg-Vorpommern, also Merkels Heimatverband, eine 147 000 D-Mark-Spende aus den schwarzen Kassen erhalten hat, geht wohl auch auf das Konto der Kohl-Getreuen. Das machte das Leben der Generalsekretärin und späteren Parteivorsitzenden nicht gerade einfach. Zumal es viele in der Union gab, die wie Roland Koch zwar Angela Merkels Amt respektierten, ihr dieses aber deshalb noch lange nicht gönnten.

Als in der Union Streit darüber entstand, ob Helmut Kohl im Millenniumsjahr 2000 bei den Feiern zur deutschen Einheit in Dresden auftreten sollte, war es Angela Merkel, die extra für ihn eine Reihe von Ersatzveranstaltungen organisierte. Wahrscheinlich trieb sie die Hoffnung, dass er, wenn sie ihm behilflich war, seinen schwer beschädigten Ruf wieder zu reparieren, den Platz räumen und seine Ränkespiele aufgeben würde. Die Tragweite der Spendenaffäre hat er nie verstanden: Er trat immer so auf, als ob sie nur eine unbedeutende Verfehlung wäre, im Verhältnis zu seinen historischen Leistungen in fast 30 Jahren CDU und 16 Jahren Kanzlerschaft. Merkels Hoffnung war wohl, ihm seinen Platz in der Geschichte ungetrübt zurückzugeben, damit er den Platz in der reformbedürftigen CDU endlich räumen möge.

Geradezu unheimlich muss ihr die Unbesiegbarkeit des Schlachtrosses Kohl vorgekommen sein: Er, der doch eigentlich ein »Ehemaliger« war, wurde bei der Veranstaltung im Berliner »Haus der Wirtschaft« am 1. Oktober 2000 von seinen Parteigenossen mit Standing Ovations gefeiert: »Lasst uns auf dem Weg in die Zukunft unserer Partei und unseres gemeinsamen Landes gemeinsam aufbrechen«, sprach er zum Ende seiner Rede. Irgendwelche Einwände? Und als sich immer mehr der Delegierten applaudierend erhoben, zog Wolfgang Schäuble vom Rollstuhl aus Lothar de Maizière am Ärmel, da dieser partout keine Anstalten machte, auch aufstehen zu wollen: »Lothar, steh auf. Der Einzige, der das Privileg hat, sitzen zu bleiben, bin ich.« Nur sieben Monate zuvor hatte Schäuble selbst seinen Rücktritt erklärt.

Zuerst sah es also aus, als ob Angela Merkel nie gesprungen wäre. Später, als Kohl beschloss, wieder an den Fraktionssitzungen teilzunehmen, da sah es sogar so aus, als ob sie ins Leere gesprungen wäre. Als Kohl am 17. März 2001 zum ersten Mal nach der Spendenaffäre wieder in den Reichstag kam, verdeutlichte der Zufall den Höhepunkt dieses gespenstischen Revivals: Einer der Spiegel in der Kuppel lenkte einen Sonnenstrahl ausgerechnet auf die sechste Reihe der Unionsbänke. Kohl saß wie von einem plötzlichen Heiligenschein erleuchtet da. Es gab keinen Fotografen auf der Pressetribüne, der nicht sofort seine Kamera zog.

Die Musterschülerin

Trotzdem wird Angela Merkel im Jahr 2005 zur Bundeskanzlerin gewählt. Sie hat viel gelernt von Helmut Kohl in den acht Jahren, in denen sie ihn täglich im Kabinett der Bundesregierung erlebte. Sie hält Fraktionssitzungen ab wie er: kurz, knapp, auf den Punkt gebracht und, bitte, kein Palaver. Diskussionen mag sie zwar gerne und erklärtermaßen innerhalb der Partei, aber wer sich aus der Führungsriege der Union bei heiklen Themen wie Steuererhöhungen nicht an die offizielle Sprachregelung hält, wird durch einen Anruf – nicht wie zu Kohls Zeiten von ganz oben, sondern vom jeweiligen Generalsekretär – zur Ordnung gerufen. Vor allem über SMS hält sie die Fäden in der Hand und Kontakt zu allen Handelnden. Während der Koalitionsverhandlungen im Jahre 2005 soll sie sich sogar während der Sitzungen mit 35 Teilnehmern mit Franz Müntefering so ausgetauscht haben. Auch von ihrem Stab wird sie per SMS stets auf dem Laufenden gehalten.

Ebenfalls werden ihr Gespür für Macht und ihre Standhaftigkeit häufig mit Eigenschaften des großen Vorgängers verglichen. Aber Aussitzen ist passiv, und das ist sie keineswegs: 1998, sagt sie, sei sie hochkonzentriert gewesen, wie jemand, der auf dem Seil läuft, und habe immer nur an den nächsten Schritt gedacht. Von passivem Aussitzen kann also nicht die Rede sein. Sie ist gesprungen – zum richtigen Zeitpunkt.

Und zum richtigen Zeitpunkt hat sie auch erkannt, wann sie Kohl wieder braucht. Vom Ende her lässt sich die Abfolge so deuten: Zuerst versuchte die Naturwissenschaftlerin mit dem *FAZ*-Artikel den Prozess zu beschleunigen (wie sie es selbst ausdrückte), dann holte sie den Altkanzler »zurück«, um ihren eigenen Beschleunigungsprozess nicht zu stoppen. Experiment gelungen, Frau Dr. Merkel! Zudem hat sie sowohl von Kohl wie auch von Gerhard Schröder gelernt, nicht so einfach das Heft aus der Hand zu geben. Beide haben auch in größter Bedrängnis immer versucht, weiter die Handelnden zu sein. Das gehört anscheinend zwingend zur Machterhaltung dazu. Auch das Wahldesaster mit dem anschließenden Neuwahlcoup Schröders im Mai 2005 mag aus so einer Motivation heraus geboren sein.

Die Musterschülerin

Als Angela Merkel ihren ersten Staatsgast im Amt als Bundeskanzlerin empfing, den Präsidenten Singapurs, trug sie einen schwarzen, sehr großen Mantel. Dieser war so groß, dass einige Zeitungen spöttelten, sie habe Kohls Mantel aus dem Kanzlermottenschrank geholt. Politisch ist sie auf jeden Fall in Kohls Mantel geschlüpft: Während sie sich zu Beginn des Wahlkampfs noch als eiserne Reformerin präsentierte, war ihre Regierungserklärung eher sozial orientiert. Das mag ganz sicher am Koalitionspartner SPD liegen, dennoch war darin viel mehr Kohlsche Politik – immer ein klein wenig links von der Mitte (zumindest in der Sozial- und Wirtschaftspolitik) – als Merkels eigenes Wahlprogramm. Dieser Mantel, auch das scheint sie gelernt zu haben, passt ganz gut zu einer großen Koalition und zur Regierungspolitik. Der Sprung ins Kanzleramt – ein Weitsprung, der am 22. Dezember 1999 begann.

- Keine Angst vor großen Tieren
- Behalte immer das Ziel im Auge. Erreichst du es auf eine Weise nicht, dann versuche es eben anders.
- Finde dich auch in fremder Umgebung schnell zurecht. Beobachte, lerne und handle dann.

Das Jeanne d'Arc-Prinzip
oder Arglosigkeit ist eine Waffe:
Fallbeispiel Wolfgang Schäuble

Am 27. September 1998 erhält die CDU mit 35,2 Prozent der Stimmen das schlechteste Wahlergebnis ihrer Geschichte. Die schwarz-gelbe Regierung muss das Zepter an die neue rot-grüne Koalition abgeben. Wenige Wochen später, am 7. November 1998, wird Angela Merkel mit fast 96 Prozent der Delegiertenstimmen zur CDU-Generalsekretärin gewählt. Wolfgang Schäuble zählt »diese Personalauswahl zu den besten Entscheidungen meiner Amtszeit.« Er habe sie zu keinem Zeitpunkt bereut, schreibt er noch im Februar 2000 in seinen Memoiren »Mitten im Leben«.

Während viele altgediente Minister der Union als Abgeordnete auf die ungewohnt harte Oppositionsbank zurück müssen, macht Angela Merkel einen ungeahnten Karrieresprung. Der Regierungswechsel bedeutet zwar das Ende der »Ministerin Merkel« aber den Beginn der »Generalsekretärin Merkel«. Sie wechselt von den Schalthebeln eines stiefmütterlich behandelten Umweltministeriums in das mächtige Cockpit einer großen Volkspartei. Was macht das einst belächelte »Kohlsche Mädchen« zur Hoffnungsträgerin dieser Partei?

Wolfgang Schäuble, der Förderer

Es war der Parteivorsitzende Wolfgang Schäuble, der Angela Merkel zu seiner Generalsekretärin und Nachfolgerin von Peter Hintze, der das Amt seit 1992 innehatte, berief. Sie war zunächst Teil seiner Strategie, vom Parteivorsitz aus die nächste CDU-Kanzlerkandidatur nach Helmut Kohl anzustreben. Eine wichtige Regel in der Parteipolitik lautet: Der Parteivorsitzende sucht sich immer seinen eigenen Generalsekretär, in diesem Fall seine Generalsekretärin. Dass sich Schäuble nun ausgerechnet die Seiteneinsteigerin aus dem Osten als erste Frau auf diesem Posten in der Union aussuchte, hatte mehrere Gründe.

Angela Merkel hatte sich bisher nicht klar positioniert. Sie gehörte weder dem rechtskonservativen Flügel an, noch dem sozialliberalen. Sie galt als parteipolitisch »unbefleckt«. Merkel hatte bisher keine politischen Visionen oder Emotionen gezeigt: Ohne originäres Verständnis für Frauenpolitik führte sie das Frauenministerium, ohne primär ökologisches Bewusstsein leitete sie das Umweltministerium. Die Naturwissenschaftlerin handelte nicht aus politischem Idealismus, sondern pragmatisch. Sie zählte weder zu den »jungen Wilden« der Union, noch trat sie als »Anwältin der Ostdeutschen« in der CDU auf. Später sagt sie sogar, die Bürgerrechtler seien ihr politisch zu korrekt gewesen. Zudem hatte sie beobachtet, wie schnell Polit-Newcomer wie Günter Nooke und Rainer Eppelmann im Abseits landeten. In den kurzen Monaten des Jahres 1990, als sie sich in der einzigen frei gewählten DDR-Regierung befanden, betrieben sie zwar mit großem Eifer erfolgreich die Vereinigung, entzogen sich aber damit gleich selbst die Grundlage ihrer politischen Existenz. Ihre Überzeugungskraft bezogen sie aus dem Widerstand gegen das DDR-Regime. In der Politik des wiedervereinigten Deutschlands wirkten sie für westdeutsche Augen dagegen seltsam fremd, fast ein wenig deplatziert. Angela Merkel wollte nicht am Katzentisch der Politik sitzen, dazu hatte sie schon zu viel mitgespielt mit den »Großen«.

Sie hatte sich nach acht Jahren in der CDU eine feste Position in der Partei erkämpft. Allerdings sind acht Jahre in einer so großen Volkspartei kein langer Zeitraum. So war sie noch genügend unverbraucht für einen Neuanfang und hatte bewiesen, dass sie, einmal ins kalte Wasser eines Ministeriums geworfen, nicht nur sofort schwimmen konnte, sondern auch schnell wusste, in welche Richtung.

Das hatte ihr den Respekt Wolfgang Schäubles eingebracht, und das schützte sie vor dem Abwärtssog, den die Wahlniederlage vielen in der Union bescherte.

Der Skandal um die Castor-Behälter

Zudem stimmten Wolfgang Schäuble und Angela Merkel schon zu ihren Umweltministerzeiten inhaltlich weitgehend überein. In umstrittenen Fragen wie der Erhöhung des Benzinpreises oder der Ökosteuer zogen sie an einem Strang. Und Angela Merkel hatte sich auch in Krisenzeiten bewährt – mehr als Schäubles Lieblingskandidat Volker Rühe. Als sich ein halbes Jahr vor Ende ihrer Amtszeit durch Hinweise der französischen Behörden herausstellte, dass die Castor-Behälter, in denen seit zehn Jahren gebrauchte Brennelemente in die französische Wiederaufbereitungsanlage nach La Hague transportiert wurden, geringe Mengen an Strahlung freisetzten, fühlte sich die Umweltministerin Merkel von der Atomindustrie hintergangen und ließ die Transporte sofort stoppen. Offensichtlich hatte man dort zwar schon länger gewusst, dass kleine Tropfen, die sich an den Behältern bildeten, die zulässigen Grenzwerte deutlich überschritten, aber das Ministerium nicht informiert. Die ohnehin sehr umstrittenen Transporte, die nur unter Polizeischutz durch die Republik rollen konnten, waren also keineswegs so »sicher«, wie es Industrie und CDU-Regierung unisono bis dahin immer behauptet hatten.
Der Aufschrei war gewaltig. SPD und Grüne forderten den Rücktritt der Umweltministerin, die Atomindustrie, der sie immer Zugeständnisse gemacht hatte, beschuldigte die Ministerin, den Skandal noch forciert zu haben: »Man hätte das doch alles unter der Hand ohne die Öffentlichkeit

regeln können«, so der Tenor aus der Atomlobby. Merkel aber blieb ruhig und versuchte, die Situation zu kontrollieren. Einerseits mit dem Verbot der Transporte, andererseits verhandelte sie eisern mit der Atomindustrie. »Ich fühlte mich hinters Licht geführt und habe das auch deutlich gemacht«, sagt sie 2005, »Da wird man dann für etwas verantwortlich gemacht, was weitab der eigenen Möglichkeiten liegt«.

Auch wenn sie später sagt, sie habe sich gefühlt »wie mit dem Kopf unter Wasser«, sind es doch gleichzeitig diese Momente, in denen Angela Merkel ihre Stärke und ihr Können beweist: Sie gerät nicht in Panik, bleibt ruhig, denkt und handelt strategisch, um die Situation in den Griff zu bekommen. Schritt für Schritt kämpft sie sich frei. Eine Merkel-Strategie, die sie auch später immer wieder erfolgreich anwendet. Auch scheint es, als ob ein freiwilliger Rücktritt als mögliche Option im Merkelschen Kosmos überhaupt nicht existiert.

> »Ich fühlte mich hinters Licht geführt und habe das auch deutlich gemacht.«
> Angela Merkel

Der Spendenskandal: die Jeanne d'Union

Schäubles Kanzler-Rechnung war nicht aufgegangen, auch er geriet in den Sog der Spendenaffäre. Noch am 2. November 1999 hatte er im Bundestag bei der Debatte über den CDU-Spendenskandal nur zugegeben, dass er irgendwann im Spätsommer oder Frühherbst 1994 bei einem Sponsorenessen der Union Karlheinz Schreiber kennen gelernt habe. »Ich habe Herrn Schreiber sehr wohl

Das Jeanne d'Arc-Prinzip oder Arglosigkeit ist eine Waffe

einmal getroffen. Das war es.« »Mit oder ohne Koffer?«, rief der Grünen-Abgeordnete Hans-Christian Ströbele dazwischen. »Ohne Koffer, das heißt: Ich habe vielleicht einen Aktenkoffer dabeigehabt. Ich weiß es nicht mehr genau.« Damit hatte Schäuble die beste Chance, seine eigene Verwicklung in die Spendenaffäre zu beichten, vertan. Er hatte nämlich einen Tag nach dem Sponsorentreffen tatsächlich 100 000 D-Mark in bar von Schreiber erhalten und an die Schatzmeisterin der Union, Brigitte Baumeister, weitergegeben. Laut *Spiegel* hatte er noch am Vormittag vor der Bundestagssitzung seinem Freund Hans-Peter Repnik erklärt, dass er diese Spende jetzt auch dem Parlament offen legen wolle. Doch er tat es nicht. Stattdessen belog er das Parlament. Das ist ein Rücktrittsgrund. Zumal Helmut Kohl und auch Brigitte Baumeister von dem Geld wussten. Und das erwies sich als besonders gefährlich. Helmut Kohl eröffnete nach dem *FAZ*-Artikel den Krieg gegen seinen Nachfolger und dessen Generalsekretärin. Die Öffentlichkeit wurde Zeuge, wie eine langjährige Männerfreundschaft zerbrach. Laut *Spiegel* soll er sogar gesagt haben, er werde dafür sorgen, dass Schäuble jetzt auch ein Ermittlungsverfahren an den Hals bekomme. Zuerst hetzte Kohl in der Partei gegen seinen Ex-Freund. Schäuble mache die Partei kaputt, dabei habe er selbst keine reine Weste. Jetzt müsse wieder jemand ans Ruder, der von der Seele der Partei etwas verstehe. Die Stimmung in der Partei richtete sich langsam gegen den bis dahin hoch angesehenen Parteivorsitzenden. Dann war es Kohls Anwalt, der am 9. Januar 2000 in der *BILD am SONNTAG* erklärte, er sei sicher, dass außer den Millionen in bar auch weitere Gelder an die CDU gestiftet worden seien, ohne dass Helmut Kohl etwas davon gesehen oder gehört habe. Einen Tag später gesteht Wolfgang Schäuble in der ARD seine eigene Spendensünde.

Damit war Kohl aus der Schusslinie der Medien. Alle fragten sich nur noch: Warum hat Schäuble so lange geschwiegen? Was war wirklich geschehen, denn Karlheinz Schreiber widersprach der Version Schäubles? Wie gut kannte Schäuble Schreiber? Und nicht zuletzt: Wofür hatte er eigentlich das Geld bekommen? Am 16. Februar 2000 trat Wolfgang Schäuble von Partei- und Fraktionsvorsitz zurück.

Mit dem Spendenskandal wurde eine ganze Generation einst angesehener Volksvertreter in nur wenigen Wochen fortgespült: Helmut Kohl, Wolfgang Schäuble, Manfred Kanther und Roland Koch (der hatte in Hessen seine eigenen Schwarzgeldkonten geführt). Sie alle trickten, präsentierten nur Halbwahrheiten, täuschten oder logen ganz offen. Während alle anderen ums politische Überleben kämpften, hatte sich Angela Merkel mit dem *FAZ*-Artikel freigeschwommen. Sie war in die Offensive gegangen und hatte sich unabhängig gezeigt. Das einst belächelte »Mädchen« aus dem Osten wurde in der Öffentlichkeit zur Hoffnungsträgerin. Merkel machte aus ihrem Makel, im falschen Deutschland aufgewachsen zu sein, einen Vorteil. In dieser politisch schwierigen Situation war es besser, nicht in die Politik-Affären und Skandale der alten BRD verwickelt gewesen zu sein.

Für die Deutschen war die BRD zur Republik der Lügen verkommen. Damals war die Glaubwürdigkeit einer ganzen politischen Klasse erschüttert, 86 Prozent der Deutschen gingen davon aus, dass Politik käuflich ist. Nur noch 17 Prozent vertrauten überhaupt den Parteien. Gesucht wurden neue Gesichter mit unbelasteter Vergangenheit. Die ostdeutsche Quereinsteigerin wirkte nicht mehr naiv und überfordert im westdeutschen Politikbetrieb. Sie war unbelastet und handelte integer. Deshalb boten ihr die Mitglieder auf den Regionalkonferenzen der CDU im Februar und März 2000 den Parteivorsitz an. Im April wurde sie als einzige Kandidatin auf dem Bundesparteitag von knapp 96 Prozent der Delegierten zur Vorsitzenden der Christlich Demokratischen Union gewählt.

Gleichzeitig wurde die alte Garde der Union gegen eine jüngere um Ruprecht Polenz ausgetauscht. So ganz wollten die Konservativen aber dann doch nicht die Führung in die Hände der Ostdeutschen legen, die so völlig ohne »Stallgeruch« war. Die Ämter wurden getrennt. Zum Fraktionsvorsitzenden wurde Friedrich Merz gewählt, der sich später zu einem der schärfsten Gegner Angela Merkels entwickeln sollte. Norbert Blüm sagte zum Abschied ganz nüchtern: »Schichtwechsel ist angesagt.« Merkel präsentierte sich jetzt eigenständig, als »die Neue«, glaubwürdig und mutig. Vielleicht betont sie deswegen bis heute ihre Ehrlichkeit. Sie selbst erklärte es so: »Kann sein, dass Ostler es einfach ein bisschen gelassener sehen können. Es ist eben Umbruch. Und Umbruch hatten wir schon mal. Und nun haben die im Westen eben auch mal ein Problem.« So wurde Angela Merkel zur Jeanne d'Arc der Union.

> »Kann sein, dass Ostler es einfach ein bisschen gelassener sehen können. Es ist eben Umbruch. Und Umbruch hatten wir schon mal.«
> Angela Merkel

Die Basis – Angela Merkels Machtzentrum

Eigentlich fehlte Angela Merkel die innerparteiliche Hausmacht, mit der sich der Vorsitz einer großen Volkspartei erobern lässt. Sie hatte keine eigenen Truppen. Weder stärkte ihr ein großer Landesverband den Rücken, noch hatte sie den für Parteipolitiker so notwendigen »Stallgeruch«, der sich durch jahrzehntelange Basisarbeit in der Provinz einstellt. Es fehlte ihr an Verbündeten. Einem Geheimbund wie dem Andenpakt um Wulff, Koch und Co. gehörte sie, die Seiteneinsteigerin, schon gleich gar nicht an. Aber sie fand in dieser Zeit einen ganz anderen wichtigen Verbündeten: die Parteibasis.

Unter dem Stichwort »Regionalkonferenzen« begann Angela Merkel ihre Machtposition in der CDU aus- und aufzubauen. Entdeckt hatte sie die Basis schon vor Schäubles Rücktritt. Im Januar 2000 war sie vom Hamburger CDU-Landesverband eingeladen worden, über die Perspektiven der Union angesichts der Krise zu diskutieren. Vor mehr als 800 Unionsmitgliedern hielt Angela Merkel eine furiose Rede und sprach dem Parteivolk aus der Seele. Sie versuchte nicht, die Situation schönzureden, im Gegenteil, sie zeigte sich genauso schockiert über den Spendenskandal, wie es ihre Zuhörer waren. Darüber hinaus betonte sie ihre eigene Distanz zu dem diskreditierten Führungszirkel, der verantwortlich war für die Enttäuschungen und Misserfolge der CDU. Während diese sich immer mehr zu Meistern der Halbwahrheiten und zu »Lügenbaronen« entwickelten, sagte Merkel einfach die Wahrheit. Sie sah einen Ausweg aus der »schwierigsten Krise in der Geschichte der CDU«, wie es Wolfgang Schäuble in seiner Rücktrittserklärung vor der Bundestagsfraktion formulierte. Sie sprach glaubhaft von Aufarbeitung und Neubeginn, und sie fragte die Mitglieder um ihre Meinung: ein völliges Novum. Ihre Lebendigkeit und ihr Tatendrang waren ansteckend, sie verkörperte all das, was der CDU während der Spendenaffäre komplett fehlte. Kein Wunder also, dass sie offen aufgefordert wurde, den Vorsitz der Union zu übernehmen. Ihre Antwort damals: »Wolfgang Schäuble und ich sind ein gutes Team.«

Auf den folgenden Regionalkonferenzen feierte die Generalsekretärin ihre Siege. »In die Partei hineinhorchen« lautete das neue Erfolgsmotto, denn wirkliche Beschlüsse wurden hier nicht gefasst. Die Zusammensetzung des Publikums war dafür zu zufällig, es konnte kommen, wer mochte und einen CDU-Mitgliedsausweis besaß. »Wir als Partei haben ja nichts verbrochen ... Wir müssen zu dem stehen, was passiert ist, aber wir müssen nicht in Sack und Asche gehen! ... Wir lassen uns die Deutungshoheit über unsere Geschichte nicht aus der Hand nehmen!« Angela Merkel hatte eine Botschaft, und die Basis hörte sie. Einst wirkte sie wie ein Fremdling in der so durch und durch westdeutschen Union, jetzt war sie das Herz und die Seele der Partei. »Angela muss ran!«, rief die CDU-Basis ihr zu, noch zaghaft in Wolfenbüttel, dann triumphal in Recklinghausen.

> »Wir als Partei haben ja nichts verbrochen ... Wir müssen zu dem stehen, was passiert ist, aber wir müssen nicht in Sack und Asche gehen! ... Wir lassen uns die Deutungshoheit über unsere Geschichte nicht aus der Hand nehmen!«
> Angela Merkel

Der Parteivorsitz oder unterschätzt werden ist eine Waffe

Es war also keineswegs nur ein »glücklicher Zufall«, dass Angela Merkel als einzige Kandidatin für die Nachfolge Wolfgang Schäubles übrig blieb. »Man muss taub sein, um nicht zu hören, was die Basis will«, sagte Schäuble nach dem Auftritt in Recklinghausen. Was hätte da ein Konkurrent Merkel entgegensetzen können? Volker Rühe hatte gerade im Zuge der Spendenkrise als Spitzenkandidat in

Schleswig-Holstein die Wahlen verloren, Jürgen Rüttgers wollte seine Kandidatur in Nordrhein-Westfalen nicht gefährden. Die CDU/CSU-Granden Volker Rühe, Friedrich Merz und Edmund Stoiber trafen sich am 27. Februar 2000 kurz vor der Wahl in Schleswig-Holstein und wollten erst einmal einen der Ministerpräsidenten als Übergangsvorsitzenden inthronisieren.

Aber schnell wurde ihnen klar, dass gegen dieses eindeutige Basis-Votum keiner durchsetzbar war. Der thüringische Ministerpräsident Bernhard Vogel, einer der vorgesehenen Vorsitz-Konkurrenten Merkels, brachte es resigniert auf den Punkt: »Ich rate keinem, als Übergangsvorsitzender anzutreten.« Ihre potenziellen Konkurrenten waren zu sehr mit eigenen Problemen beschäftigt oder überließen es gentlemanlike der Frau aus dem Osten, »die Kohlen aus dem Feuer zu holen.« Aber sie haben Angela Merkel unterschätzt. Ein Fehler, der sich wie ein roter Faden durch ihre politische Karriere zieht und den wohl zuallererst Roland Koch bereute. Obwohl Koch bei Helmut Kohl im Kanzleramt fast genauso häufig ein- und ausging wie Wolfgang Schäuble, ist Merkel heute Bundeskanzlerin und nicht der hessische Ministerpräsident. Hätten ihre Konkurrenten damals ihre wahre Stärke erkannt, wäre sie wohl nicht Parteivorsitzende geworden.

Zum ersten Mal war das Votum der Basis entscheidend für die Ämtervergabe. Selbst die CDU-kritischen Medien hatte Merkel im Jahr 2000 auf ihre Seite gebracht. Der *Stern* titelte damals: »Übernehmen Sie, Frau Generalin!« Die normalen Parteistrukturen waren durch die außergewöhnliche Situation außer Kraft gesetzt. Eine Chance, die Angela Merkel für sich nutzte. Hier erwies es sich wieder: Umbruchsituationen sind eine Merkelsche Spezialität. Sie ging in die Politik, um einem ganzen Staat beim Zusammenbruch zur Seite zu stehen.

Die Parteivorsitzende als Kanzlerkandidatin oder Schritt für Schritt zum Ziel

Eine ungeschriebene Regel im politischen Spiel um die Macht lautet: Der Parteivorsitzende einer großen Volkspartei steht bei der nächsten Wahl als Kanzlerkandidat zur Verfügung. Auf die Frage, ob sie je von der Kanzlerkandidatur geträumt habe, antwortete Merkel 2005: »Dies spielte in meinen Träumen nie eine Rolle. Aber mit der Übernahme des Parteivorsitzes war auch die grundsätzliche Möglichkeit der Kanzlerkandidatur verbunden.« Erst auf die Nachfrage, dass sich die Kanzlerkandidatur ja nicht so einfach angedeutet habe, sondern sie doch tatkräftig darauf hingearbeitet habe, offenbarte sie ihre Pläne: »Wie gesagt: Wenn ich mir das Amt nicht zutrauen würde, hätte ich ja nicht Parteivorsitzende werden dürfen«.

> »Dies spielte in meinen Träumen nie eine Rolle. Aber mit der Übernahme des Parteivorsitzes war auch die grundsätzliche Möglichkeit der Kanzlerkandidatur verbunden.«
>
> Angela Merkel

Typisch Angela Merkel: Sie trug noch nie ihre Wünsche auf der Zunge, das würde sie angreifbar machen. Undenkbar, dass sie am Zaun des Kanzleramtes gerüttelt und ihre Träume in die Welt hinausgerufen hätte. Schritt für Schritt geht sie vor. Vor allem, weil sie nie unumstritten war in der Union, im Gegenteil, viele arbeiteten eher gegen als für sie. Ähnlich verborgen ist ihre politische Haltung: Mancher in der Fraktion, der Presse und auch unter den Wählern des Jahres 2005 ist schon daran verzweifelt, dass man nie so richtig wusste, wo Angela Merkel eigentlich steht. »Sie hat viel von Schäuble gelernt. Häufig wusste man nicht, wo er in welcher Sachfrage stand«, heißt es in der CDU-Fraktion. Angela Merkel sucht erst einmal Mehrheiten und hält es primär nicht für entscheidend, was sie selbst will, sondern was durchsetzbar ist. Umwege führen auch zum Ziel: »Ich habe Freude am Hakenschlagen«, sagt sie selbst über sich. Gerade wenn es schwierig wird – wie in der Spendenkrise – entwickelt sie eine erstaunliche Energie.

> »Ich habe Freude am Hakenschlagen.«
> Angela Merkel

Loyalität oder »Metzgerei Merkel«?

Schäuble ist ein integerer und loyaler Politiker. Das war er gegenüber Kohl, aber auch gegenüber der Parteivorsitzenden Merkel. Er hat sie immer unterstützt: Er hat sie zu seiner Generalsekretärin gemacht und ihr bei der Kandidatur zur Parteivorsitzenden geholfen. Dafür erwartete er Hilfe von ihr für seine Rehabilitation. Beim Essener Parteitag 2000 war er ins Präsidium der CDU gewählt worden. Zugleich war er stellvertretender Fraktionsvorsitzender im Bundestag. Er betrachtete das jedoch nur als Zwischenstationen, denn keines dieser Ämter versprach so viel Prestige, dass es für ihn die Rehabilitation in der Öffentlichkeit bedeutet hätte.

Das Präsidium der Konrad-Adenauer-Stiftung wäre wohl so ein Amt gewesen. Auch wenn er es öffentlich bestritt, er hätte es wohl gerne übernommen. Es bekam aber der ehemalige thüringische Ministerpräsident Bernhard Vogel. Angela Merkel wollte sich vermutlich nicht erneut mit Helmut Kohl anlegen, der im Stiftungsbeirat saß. Außerdem strebte sie früh genug vor der Landtagswahl den Wechsel an der Spitze in Thüringen an. Dieter Althaus sollte das Ministerpräsidentenamt übernehmen. Die Kandidatur zum Regierenden Bürgermeister Berlins als Nachfolger des gestürzten Eberhard Diepgen wurde Schäuble im Jahr 2001 von Helmut Kohl vermasselt, der offen den jungen, unbedarften Frank Steffel favorisierte. Die Parteivorsitzende Angela Merkel habe ihn nur zögerlich unterstützt, beklagte Schäuble später bitter. Er hätte ihr dankbar sein sollen, schließlich erhielt die CDU in Berlin gegen den SPD-Kandidaten Klaus Wowereit gerade noch 23 Prozent. Dabei wäre es Angela Merkel vielleicht sogar recht gewesen, wenn Schäuble von der Bundesebene auf die Landesebene gewechselt wäre. Sie achtet bei ihrer Personalpolitik stets darauf, dass sich neben ihr keine eigenständigen Machtzentren in der Partei bilden und die Konkurrenz nicht zu übermächtig wird. Mit Stoiber, Koch und Co. hat sie in der Partei bereits genug zu kämpfen.

Ist das der Grund, warum Schäuble nicht Unions-Kandidat für das Bundespräsidentenamt 2004 wurde? Da hat Merkel ihm wohl am übelsten mitgespielt – wenn auch die Kandidatenkür als eine taktische Meisterleistung in die Lehrbücher für Parteipolitiker eingehen wird. Schon 2003 hatte Wolfgang Schäuble den Wunsch geäußert, Nachfolger von Johannes Rau zu werden. 2004 stand die Wahl an, und Angela Merkel wusste, dass sie nur mit den Stimmen der FDP die nötige Mehrheit für einen Kandidaten haben würde. Schäuble aber war für die FDP wegen der Spendenaffäre nicht wählbar. In nächtlichen Krisensitzungen, auch in der Berliner Wohnung des FDP-Chefs Guido Westerwelle, wurde das immer deutlicher. Also zog sie überraschend Horst Köhler aus dem Hut. Das unglaublich knappe Ergebnis Köhlers bei der Wahl durch die Bundesversammlung gab ihr im Nachhinein Recht. Hätte sie Schäuble aus Loyalität durchgeboxt, wäre er sicher nicht im ersten Wahlgang gewählt worden. Ein Bundespräsident, der selbst schon einmal illegal Schwarzgeld bekommen hat, wäre für viele nicht wählbar gewesen. Immerhin verkörpert nichts so sehr wie das Bundespräsidentenamt die moralische Integrität der Bundesrepublik Deutschland. So zeigt Angela Merkel in ihrer Personalpolitik vor allem auch Realitätssinn. Was geht und was nicht, weiß sie als Realistin immer nur zu gut. Und ein Bundespräsident Wolfgang Schäuble ging eben nicht. »Metzgerei Merkel«, titelte damals die *Berliner Zeitung*. Das hat sie sehr getroffen. Ging es ihr doch darum, eine durchsetzbare Personalpolitik zu betreiben und nicht darum, Schäuble zu demütigen. Schäuble selbst sah das naturgemäß anders und versuchte mit der CSU, Koch und Merz eine Art »Anti-Merkel-Bündnis« zu schmieden, um die innerparteiliche Opposition gegen sie zu stärken. Doch nachdem Friedrich Merz alle seine Ämter in der Unionsfraktion im Bundestag niedergelegt hatte, sah er sich weitestgehend isoliert. Damals soll Schäuble engsten Vertrauten gesagt haben, die Partei werde sich noch nach Helmut Kohl zurücksehnen. Und das aus seinem Munde: Verbitterter konnte er wohl nicht mehr sein.

Im Jahr 2005 braucht die Kanzlerkandidatin Merkel ihn aber doch. Und da ist er auch durchsetzbar. Im Wahlkampf scheut Merkel nicht davor zurück, Wolfgang Schäuble in ihr »Kompetenzteam« zu holen: In ihrem Schattenkabinett soll er die Außenpolitik übernehmen. In diesem Job gibt es viel an internationaler Reputation zu gewinnen und wenig an innerparteilichen Streitigkeiten zu verlieren. Das soll Wolfgang Schäuble wieder rehabilitieren. Doch nachdem das Außenministerium in zähen Koalitionsverhandlungen an die SPD gefallen ist, erhält der verhinderte Präsidentschaftskandidat den Posten des Innenministers. Merkel weiß, dass sie in ihren Reihen keinen Geeigneteren finden wird. Er bringt in ihr Team seine

Das Jeanne d'Arc-Prinzip oder Arglosigkeit ist eine Waffe

langjährige Regierungserfahrung ein und gilt zudem als »alter Hase« in der Verwaltungspolitik. Damit ist er der einzige, der als angemessener Nachfolger für Otto Schily in Frage kommt. Merkel weiß auch, dass Schäuble sich der großen Aufgabe nicht verweigern kann. Er ist gefangen in seiner Parteidisziplin, der er sein persönliches Schicksal radikal unterordnet. Für Angela Merkel ist ein Mann wie Wolfgang Schäuble ein Glücksfall. Er wird sich allein aus altruistischer Partei-Räson stets dem Willen der CDU-Vorsitzenden und Kanzlerin unterordnen. Indem er jetzt das mächtige Bundesinnenministerium leitet, trägt er auch zur Stabilisierung der Macht Merkels bei. Lässt sich daraus noch eine Regel in der Personalpolitik der Bundeskanzlerin ableiten? Nimm die, die dir nützlich sind – egal, was früher war!

- Nutze den Vorteil des Seiteneinsteigers für deine Glaubwürdigkeit.
- Bewahre auch in der Krise die Nerven!
- Gehe in die Offensive und zeige dich unabhängig.
- Achte auf deine Konkurrenz und bediene dich der Nützlichen.

Besser Strippenzieher als Rampensau:
Fallbeispiel Edmund Stoiber

Der Name Agnes Pockels ist bestenfalls in Physikerkreisen bekannt. Dabei hat die Braunschweigerin in den Achtzigerjahren des 19. Jahrhunderts eine bahnbrechende Entdeckung gemacht. Während des Abwaschs im elterlichen Haus entdeckte die gerade 18-Jährige ein spezifisches Verhalten der Wassermoleküle an der Oberfläche – die so genannte Oberflächenspannung. Einem männlichen Kollegen hätte eine solch spektakuläre Erkenntnis in späteren Jahren zum Nobelpreis verholfen. Agnes Pockels hingegen geriet in Vergessenheit.

Einer anderen deutschen Wissenschaftlerin wird das so schnell nicht passieren. Gut hundert Jahre nach Pockels' Entdeckung, in den Achtzigerjahren des 20. Jahrhunderts, lebt die junge Physikerin Angela Merkel in einem Zustand apolitischen Schweigens. Doch sobald sie die Tür ihrer Wohnung in Ost-Berlin hinter sich schließt und den leidigen Abwasch macht, löst sich ihre Zunge. Wie ihre Kollegin Agnes Pockels nutzt sie die ungeliebte, mechanische Tätigkeit, um ihren Gedanken freien Lauf zu lassen. Doch im Gegensatz zur 18-jährigen Agnes, der beim Abwasch physikalische Formeln durch den Kopf spukten, beschäftigt sich Angela Merkel mit Politik. Jedes Mal, wenn sie die Hände ins schmutzige Abwaschwasser taucht, murmelt die Brandenburgerin mantrahaft die Namen westdeutscher Politiker leise vor sich hin: »Helmut Kohl, Franz Josef Strauß, Helmut Schmidt.« Und noch ein weiterer Politiker-Name kommt in der Aufzählung vor, der im Westen mit wenig schmeichelhaften Beinamen belegt ist: »Wadenbeißer von Franz-Josef Strauß« oder auch »Blondes Fallbeil«.
Trotzdem hat sein Name einen festen Platz in der politisch befreienden Abwasch-Litanei der jungen Angela Merkel: Edmund Stoiber.

Das Idol und der Fan

Als Angela Merkel dem bayerischen Ministerpräsidenten rund zwanzig Jahre später von ihrem Abwasch-Ritual zu DDR-Zeiten erzählt, fühlt sich Edmund Stoiber geschmeichelt. Merkels Worte bezeugen, dass er einmal so etwas wie ein Vorbild für die Ostdeutsche war. Und dass die Rollen klar verteilt sind: Er, das politische Idol, geht voran, sie, die Anhängerin von einst, soll in angemessenem Abstand folgen. In Stoibers hierarchischem Weltbild kommt es nicht vor, dass der Anhänger sein Idol eines Tages überholen könnte. In seiner eigenen politischen Biografie hat er es vorgelebt. Als CSU-Generalsekretär stellte er sich bis zur Selbstverleugnung in den Dienst seines Ministerpräsidenten Franz Josef Strauß. Undenkbar, dass Stoiber noch zu Strauß´ Lebzeiten nach dem Sessel seines Chefs geschielt hätte. Erst nach dem Tod des Ministerpräsidenten hat sich Stoiber dessen Posten mit unermüdlicher Arbeitswut erkämpft. Seit 1993 ist er Ministerpräsident des Freistaates Bayern. Edmund Stoiber, der wie Gerhard Schröder aus wenig begütertem Elternhaus stammt, weiß die Insignien des Amtes zu schätzen. In Bayern genießt ein Ministerpräsident bisweilen noch den Status eines gekrönten Monarchen. Für Stoiber ist der machtvolle Posten ein Traumjob, den er kaum für etwas anderes aufgeben würde, allenfalls für etwas noch Größeres. Doch etwas noch Größeres ist schwer zu finden. Das Amt des Bundeskanzlers der Bundesrepublik Deutschland wäre so ein Job. Dafür konnte sich selbst Stoibers politischer Ziehvater Franz Josef Strauß im Jahr 1980 einmal begeistern. Doch er unterlag dem SPD-Kanzler Helmut Schmidt.

Als nach der verlorenen Bundestagswahl 1998 der nächste Unions-Kandidat für den Showdown 2002 gegen den SPD-Kanzler Gerhard Schröder gesucht wird, gibt sich

Stoiber seltsam reserviert. »Ich werde eher Trainer von FC Bayern München als Kanzlerkandidat der Union«, sagt der blonde Bayer im Sommer 1999. »Meine Lebensaufgabe ist Bayern.« Und auch ein gutes Jahr später hat sich an seiner Meinung nicht viel geändert: »Sie wissen, dass ich dafür nicht zur Verfügung stehen werde, weil ich Ministerpräsident bin und gerne noch ein bisschen bleiben würde«, erklärt er im November 2000 gegenüber dem Nachrichtensender *N24* auf die Frage nach seinen Kandidatenambitionen.

Schon damals ist sich sein Parteikollege, der jetzige Wirtschaftsminister im Kabinett Merkel, Michael Glos, sicher, dass sich der bayerische Ministerpräsident auf Dauer größeren Aufgaben nicht verschließen kann: »Es wird Bittprozessionen nach München geben«, prophezeit Glos, auf die Kandidatenfrage angesprochen.

> »Ich werde eher Trainer von FC Bayern München als Kanzlerkandidat der Union ... Meine Lebensaufgabe ist Bayern.«
> Edmund Stoiber

Sicherheit ist Stagnation oder scheue das Risiko nicht!

Natürlich ist Stoiber ein Machtpolitiker. Er will Macht, doch er scheut das Risiko. Bei einer Wahl, die er verlieren könnte, will er lieber erst gar nicht antreten. So erklärt sich sein ablehnendes Verhalten noch gegen Ende 2000. »Er wird angetrieben vom unbedingten Willen, nicht zu versagen«, verrät ein Parteikollege. Der größte Alptraum des promovierten Juristen ist es, nach einer verlorenen Wahl als Fraktionsvorsitzender nach Berlin zu müssen. Stoiber würde auf das geliebte München und seinen Ministerpräsidentenposten nur verzichten, wenn ihm der Sessel im Kanzleramt sicher wäre.

Die Anzeichen dafür mehren sich gegen Ende des Jahres 2001. Die rot-grüne Koalition unter Gerhard Schröder hat in der Bevölkerung deutlich an Sympathien verloren, demoskopische Umfragen sagen bei der Wahl im September 2002 einen Regierungswechsel voraus. Nie zuvor waren die Chancen für einen CSU-Politiker größer, Bundeskanzler zu werden. Selbst die traditionellen Widerstände gegen einen CSU-Kandidaten außerhalb Bayerns scheinen im Dezember 2001 wie weggeblasen. »S. stößt bei Teilen der Bevölkerung, vor allem im Norden der Bundesrepublik, auf emotionale Widerstände ... Sein anerkannter Intellekt, seine unumstrittene Kompetenz und seine sprachliche Ausdruckskraft gaben seiner politischen Aussage eine Direktheit, die viele Wähler nicht akzeptieren wollten.« Diese vernichtende Wahlkampfanalyse fertigte Stoiber höchstpersönlich nach der verlorenen Bundestagswahl 1980 an. »S.« stand für seinen damaligen Chef, den bayerischen Ministerpräsidenten und Unions-Kandidaten Franz Josef Strauß. Ein ähnliches Debakel hätte Stoiber im Jahr 2002 nicht zu befürchten – wenn er sich endlich entscheiden könnte, gegen Gerhard Schröder ins Rennen zu gehen. Doch er zögert und zaudert weiter. Bis die von Glos prophezeiten Bittprozessionen nach München tatsächlich stattfinden.

Inzwischen gibt es einen anderen potenziellen Kandidaten, ge-

> »S. stößt bei Teilen der Bevölkerung, vor allem im Norden der Bundesrepublik, auf emotionale Widerstände ... Sein anerkannter Intellekt, seine unumstrittene Kompetenz und seine sprachliche Ausdruckskraft gaben seiner politischen Aussage eine Direktheit, die viele Wähler nicht akzeptieren wollten.«
>
> Edmund Stoiber

nauer gesagt eine Kandidatin, die weit weniger zögerlich agiert als Stoiber: Angela Merkel. Doch die CDU-Parteivorsitzende hat ein Problem. Vor allem die Unions-Ministerpräsidenten und die Mitglieder der Anden-Connection um Roland Koch und Christian Wulff verweigern der CDU-Chefin ihre Unterstützung bei deren Kandidatur. Der damalige CSU-Generalsekretär Thomas Goppel bringt es in einem Interview mit dem *Südwestfunk* am 12. Oktober 2001 auf den Punkt: »Das Problem besteht nicht darin, dass Angela Merkel nicht genügend Profil hat …, sondern dass dahinter nicht alle geschart sind.« Merkel hat ihren Laden nicht im Griff, soll das heißen. Und wenn sie das schon nicht hinbekommt, dann wird sie wohl kaum eine noch größere Aufgabe meistern. Der frühere Regierungssprecher unter Helmut Kohl, Friedhelm Ost, schlägt in die gleiche Kerbe. Doch im Gegensatz zu Goppel, der Merkel immerhin noch ein gewisses Profil bescheinigt, spricht Ost der CDU-Chefin auch das ab: »Sie hat schlicht kein Profil.« Aufgescheucht von den Kandidatur-Ambitionen Merkels drängen die CDU-Landesfürsten nun ausgerechnet den spröden Bayern Edmund Stoiber, sich dem Duell gegen Gerhard Schröder zu stellen.

> »Das Problem besteht nicht darin, dass Angela Merkel nicht genügend Profil hat …, sondern dass dahinter nicht alle geschart sind.«
>
> Thomas Goppel

Es scheint beinahe so, als wäre ihnen jeder andere Kandidat recht, der eine Kandidatur der CDU-Vorsitzenden verhindern kann. Die plötzlichen Avancen aus der christlichen Schwesterpartei schmeicheln Stoiber. Das erste Mal lässt er vorsichtig durchblicken, dass ihn die große Aufgabe in Berlin durchaus reizen könnte. Doch noch immer kann er sich zu keinem klaren »Ja« durchringen. »Es ist nicht so, dass ich mit dem, was ich habe, unzufrieden bin«, erklärt

er. Vielleicht werde ich gegen Gerhard Schröder antreten, vielleicht aber auch nicht, heißt das im Klartext. Bei Stoiber schwingt stets ein »Vielleicht« mit. Er ist ein Meister der doppelten Verneinung – einer der sich nicht festlegen kann und will. Seine Rhetorik ist voller geöffneter Hintertürchen, die ihm alle Möglichkeiten zum frühzeitigen Rückzug lassen.
So geradlinig und machtorientiert seine bisherige Karriere bis ins Ministerpräsidentenamt auch verlaufen ist, so zaudernd und schwankend gibt er sich nun als potenzieller Kanzlerkandidat.

Sage »Ja« zur Macht, um deine Ziele zu erreichen

Angela Merkel hat es da leichter. Sie riskiert bei einer möglichen Wahlniederlage nicht den Verlust ihres Traumjobs wie Stoiber. Doch sie handelt auch direkter und willensstärker. Wer Macht haben will, muss auch »Ja« zur Macht sagen.
Stoiber sagt »Vielleicht«, Merkel sagt »Ja«. Trotzdem zeichnet sich im Januar 2002 ab, dass die Unions-Vorsitzende nicht mit der Unterstützung ihrer eigenen Parteispitze rechnen kann. Der Niedersachse Christian Wulff, der Saarländer Peter Müller, der Schwabe Günther Oettinger und der Hesse Roland Koch machen das der Parteivorsitzenden unmissverständlich klar. Sie sprechen sich für den zaudernden Edmund Stoiber aus und drohen Merkel mit einer Kampfabstimmung in der so genannten »K-Frage«, die sie schwer beschädigen würde. Spätestens zu diesem Zeitpunkt weiß Angela Merkel, dass sie den Kampf um die Kanzlerkandidatur verloren hat. Sie greift zum letzten Mittel.

Gib nach, wenn eine Niederlage unvermeidlich ist, doch gib niemals auf!

In geheimer Mission fliegt die CDU-Vorsitzende nach München und serviert dem bayerischen Ministerpräsidenten die Kanzlerkandidatur beim legendären Frühstück in Wolfratshausen auf einem goldenen Tablett. Spätestens nach diesem taktischen Kabinettstück Merkels ist jedem Unions-Mitglied und allen unbeteiligten Beobachtern klar, dass bei einer zukünftigen Kandidatenkür niemand mehr an der Parteivorsitzenden vorbei kommen wird. Die Souveränität, mit der sie die vermeintliche Niederlage in einen Sieg für die Zukunft ummünzt, verschafft ihr den Respekt so altgedienter CDU-Größen wie Bernhard Vogel. »Merkel hat heute an Statur gewonnen, weil sie den Mut hatte, ... diese Entscheidung herbeizuführen und zu verkünden«, kommentiert der damalige Ministerpräsident von Thüringen salbungsvoll.

Mit emsiger Loyalität kämpft Angela Merkel in den Wochen und Monaten vor der Wahl im September 2002 für den CSU-Vorsitzenden Edmund Stoiber – und für ihre eigene politische Zukunft. Auf dem Bundesparteitag der CDU am 17. Juni 2002 in Frankfurt am Main ruft sie den Delegierten zu: »So viel Union wie heute war nie!« Tatsächlich war es in den Jahrzehnten zuvor undenkbar, dass sich ein CDU-Vorsitzender derart für den Vorsitzenden der bayerischen Schwesterpartei ins Zeug legen würde. Doch Merkels fleißiges Engagement für Stoiber zahlt sich auch für ihre eigene politische Zukunft aus. Mit ihrer strategisch klug gewählten Unterstützertaktik gewinnt sie neue Anhänger. Stoiber hingegen reibt sich im Wahlkampf gegen Schröder auf.

> »So viel Union wie heute war nie!«
> Angela Merkel

Beweise Loyalität, wenn es dir nützlich ist, oder lerne deine Grenzen kennen

Seine spröde Eitelkeit und der Druck, mediale Präsenz zeigen zu müssen, bringen den Kanzlerkanditaten häufig ins Stolpern. Der bisweilen wie eine hölzerne Marionette im Trachtenanzug wirkende Bayer präsentiert sich in Homestorys als legerer »Privatmann« und verrät, dass er seine Frau Karin liebevoll »Muschi« nennt, während sie ihn »mein Edelmann« kost. Das Gelächter in Presse und Öffentlichkeit ist groß.

Von Angela Merkel weiß man nicht, wie sie ihren zweiten Ehemann, den Chemiker Joachim Sauer, hinter verschlossenen Türen nennt. Man will es auch gar nicht wissen. Die heutige Bundeskanzlerin ist klug genug, ihr Privatleben weitestgehend aus der Öffentlichkeit herauszuhalten. Homestorys in Hochglanzmagazinen wird es von ihr kaum geben.

Im August 2005 tauchen einmal Urlaubsfotos von ihr in der Presse auf: Angela Merkel in »Streifenbluse und Joggingschuhen von Karstadt«, vermerkt die *BILD am SONNTAG* kritisch, denn die Fotos zeigen die CDU-Vorsitzende in wenig vorteilhaftem Licht. Andreas Fritzenkötter, der ehemalige Medienberater von Altkanzler Helmut Kohl, analysiert die Wirkung noch schonungsloser: »Merkel hat ihr Privatleben bisher sehr abgeschottet. Wenn man sich öffentlich macht, muss man die Massen peu à peu darauf vorbereiten. Auf diesen Bildern kriegt man aber einen sehr, sehr offenen Blick und das trifft einen wie ein Keulenschlag.« Der Versuch, das mediale Interesse durch einen Blick ins Private zu befriedigen, war ordentlich missglückt. Angela Merkel hat aus diesem Fehler gelernt. Ihre zukünftigen Versuche, das Spiel mit den Boulevardmedien zu spielen, fallen subtiler aus.

Besser Strippenzieher als Rampensau

Edmund Stoiber ist im Sommer 2002 hingegen der festen Überzeugung, auch als Privatmann die bessere Figur abzugeben. Er orientiert sich an seinem unmittelbaren Konkurrenten, dem Mediendompteur Gerhard Schröder. Dieser versteht es meisterhaft, sein Privatleben öffentlich zu machen, um Wählersympathien zu gewinnen. Stoiber überschätzt sich und seine Fähigkeiten dabei enorm. Auf Medienebene spielt der hölzerne Bayer nicht Bundes-, sondern Landesliga. In der heißen Phase des Wahlkampfs zieht Gerhard Schröder alle Register seines Könnens. Kumpelhaft präsentiert er sich als zupackender Helfer in Gummistiefeln bei der Oder-Flut. Edmund Stoiber kann da nicht mehr mithalten. »Super-Edi«, wie er von der Boulevardpresse vorschnell tituliert wurde, stürzt ab. Die Umfrageergebnisse kurz vor der Wahl sprechen für Schröder.

Das Duell der Granden oder warte, bis du am Zug bist

Am Wahlabend glimmt noch einmal Hoffnung auf. Nach den ersten Hochrechnungen erklärt die *ARD* Edmund Stoiber zum Gewinner der Wahl. Er und Angela Merkel umarmen sich im Berliner Büro der CDU-Vorsitzenden – eine ungewöhnlich herzliche Geste zwischen den beiden Unions-Vorsitzenden, die trotz zahlreicher gemeinsamer Wahlkampfauftritte noch immer nicht zum vertraulichen »Du« zusammengefunden haben. Doch die Umarmung wird gleichsam zum Abschied. Denn im Lauf des Abends wendet sich das Blatt. Gerhard Schröder wird zum offiziellen Sieger der Wahl erklärt. Für Edmund Stoiber bedeutet das die Rückkehr in sein geliebtes München. Als Unions-Fraktionsvorsitzender will er auf gar keinen Fall in Berlin bleiben.

Seine Niederlage ist Angela Merkels Sieg. Nach der Bundestagswahl 2002 ist sie mächtiger als je zuvor. Neben dem CDU-Parteivorsitz fällt ihr nun auch der Fraktionsvorsitz im Bundestag zu. Sie kann wieder im politischen Tagesgeschäft mitmischen und die rot-grüne Koalition direkt attackieren. Durch ihre Loyalität im Wahlkampf für Edmund Stoiber glaubt sie sich die notwendige Rückendeckung der bayerischen Schwesterpartei erkämpft zu haben. Doch an Edmund Stoiber ist die Wahlniederlage nicht spurlos vorübergegangen. Das Schlimmste, was er sich vorstellen konnte, ist eingetreten: Er hat versagt. Das Versagen gärt in ihm, er braucht ein entlastendes Ventil, um das ätzende Gefühl loszuwerden. Stoiber kann Niederlagen nur schwer verkraften. Das unterscheidet ihn von Merkel. Sie lernt aus Niederlagen für die Zukunft, während Stoiber seine Energie damit vergeudet, Geschehenes ungeschehen machen zu wollen. Bereits kurz nach Gerhard Schröders Regierungserklärung lanciert er in der *BILD am SONNTAG* ein »Akutprogramm für den Sanierungsfall Deutschland«. Doch sein Angriff auf den frisch gekürten SPD-Kanzler schadet vor allem der neuen CDU-Fraktionsvorsitzenden Angela Merkel. Stoibers journalistische Attacke ist nicht mit ihr abgesprochen. In der Öffentlichkeit und beim politischen Gegner wird Stoibers Alleingang als Riss zwischen CDU und CSU wahrgenommen. »Das Hin und Her zwischen den beiden Unionsgranden sollten wir Deutschland nicht antun«, kommentiert die Fraktionsvorsitzende der Grünen Katrin Göring-Eckardt ironisch den beginnenden Führungsstreit zwischen Stoiber und Merkel. Der Ehrgeiz und die Eitelkeit Stoibers lassen es nicht zu, dass er, das einstige Idol, von seiner ehemaligen Anhängerin Angela Merkel kaltschnäuzig überholt und abgehängt werden könnte. Die Worte seines Parteikollegen Michael Glos über die CDU-Vorsitzende sollten ihm eine

Warnung sein: »Eine Serie von Politikern der CDU wurde durch sie von der zweiten bis zur hintersten Reihe verwiesen. Eines der Geheimnisse des Erfolges von Angela Merkel ist ihr geschickter Umgang mit eitlen Männern ... Mit engelsgleicher Langmut wartet sie, bis sie am Zuge ist.«

> »Eine Serie von Politikern der CDU wurde durch sie von der zweiten bis zur hintersten Reihe verwiesen. Eines der Geheimnisse des Erfolges von Angela Merkel ist ihr geschickter Umgang mit eitlen Männern ... Mit engelsgleicher Langmut wartet sie, bis sie am Zuge ist.«
> Michael Glos

Doch Stoiber hört die Worte nicht. Seine bittere Niederlage gegen Gerhard Schröder kann in seinen Augen nur dadurch getilgt werden, dass er weiter Kanzlerkandidat bleibt. Ein ewiger Kanzlerkandidat sozusagen, der so lange an der sicheren bayerischen Heimatfront den zornigen Herausforderer mimt, bis sein Versagen vergessen ist.

Richte den Blick in die Zukunft!

»Der Ministerpräsident überblickt größere Zeiträume«, erklärt Stoibers Sprecher Martin Neumeyer Ende 2003 mit Blick auf die im Jahr 2006 anstehende Bundestagswahl. Der Wahlverlierer vom September 2002 will es noch einmal wissen, bedeutet Neumeyers kryptische Umschreibung. Ein Vierteljahr später drückt sich Stoiber deutlicher aus: »Die beiden Parteivorsitzenden von CDU und CSU werden gebraucht für die große Aufgabe 2006«, verkündet der bayerische Ministerpräsident offensiv. Er verkennt dabei, wie sehr sich die Machtverhältnisse inzwischen zu Gunsten Merkels verschoben haben. Seit dem Frühstück in Wolfratshausen und seiner Wahlniederlage 2002 hat Merkel unermüdlich neue Unterstützer um sich geschart.

Im Hintergrund hat sie ihre Truppen versammelt, während Stoiber sich mit seinem profilierungssüchtigen Ego-Trip zunehmend isoliert hat.

»Wir müssen auch in der CSU klarmachen, dass es in der CDU kein zweites Mal die Bereitschaft gibt, Stoiber als Kanzlerkandidaten mitzutragen«, warnt der CSU-Innenexperte Wolfgang Zeitlmann im März 2004 in einer Sitzung der CSU-Landesgruppe im Bundestag. Aus dem euphorischen »So-viel-Union-war-nie«-Gefühl ist in weniger als zwei Jahren ein frostiges »So-wenig-Union-war-nie«-Gefühl geworden. »Ich habe in den letzten 23 Jahren selten eine persönlich so belastende Atmosphäre erlebt«, beklagt der CSU-Vize Horst Seehofer das abgekühlte Verhältnis zwischen den beiden Unions-Vorsitzenden. Auf der Feier zu Angela Merkels 50. Geburtstag am 17. Juni 2004 zwingt sich Stoiber zu einem eisigen Lächeln und dem frommen Bekenntnis: »Die Schwester aus München ist immer an Ihrer Seite – wir werden es gemeinsam schaffen.«

> »Die Schwester aus München ist immer an Ihrer Seite – wir werden es gemeinsam schaffen.«
> Edmund Stoiber

FDP-Chef Guido Westerwelle gratuliert mit den Worten: »Sie ist weder Kohls Mädchen noch die Machiavella aus Brandenburg.« Den Ruf der kaltblütigen Strategin, die auf dem Weg nach oben ein halbes Dutzend karrierewütiger Männer aus dem Weg geräumt hat, will Westerwelle nicht gelten lassen.

> »Sie ist weder Kohls Mädchen noch die Machiavella aus Mecklenburg-Vorpommern.«
> Guido Westerwelle

Stoiber glaubt dem FDP-Mann gerne. In seinen Augen ist Angela Merkel noch immer die Ostdeutsche, die beim Abwasch seinen Namen huldvoll vor sich hingemurmelt hat.

Er das Idol, sie der Fan. Doch der Fan von einst hat das Idol längst auf leisen Sohlen überholt und ins Abseits gestellt. Angela Merkel weiß: Versuche nicht, Niederlagen ungeschehen zu machen, sondern richte den Blick in die Zukunft!

Der Schatten-Kanzler

Als Gerhard Schröder 2005 nach der verheerenden Wahlniederlage der SPD in Nordrhein-Westfalen frühzeitig den Weg für Neuwahlen im Bund bereitet, ist die alleinige Kanzlerkandidatin der CDU Angela Merkel. Für »Super-Edi« aus München bliebe allenfalls ein Platz in ihrem Schattenkabinett. Nach seinen Berlin-Ambitionen gefragt, antwortet Stoiber dem Spiegel im Juni 2005 in seiner typischen »Vielleicht-vielleicht-aber-auch-nicht«-Rhetorik: »Als Parteivorsitzender muss man immer bereit sein, Verantwortung zu tragen, gleich, an welcher Stelle.« Auf einer Sitzung der CSU-Landtagsfraktion wird er deutlicher: »Man muss sich schon sehr genau überlegen, ob man in Berlin die Nummer zwei sein will, hinter Merkel«, bekennt er vor seinen Parteifreunden.

> »Man muss sich schon sehr genau überlegen, ob man in Berlin die Nummer zwei sein will, hinter Merkel.«
> Edmund Stoiber

Für ihn, das ehemalige Vorbild aus dem freien Westen, muss es wie eine wahr gewordene apokalyptische Höllenvision wirken, von der ostdeutschen Protestantin plötzlich in die zweite Reihe verwiesen zu werden. Eine noch größere Niederlage als die gegen Gerhard Schröder im September 2002 bahnt sich an.

Natürlich hält sich Stoiber noch immer für den geeigneteren Kandidaten. Angela Merkel ist aus Sicht der CSU

»zweit- oder sogar nur drittbeste Wahl«, plaudert Stoibers ehemaliger Wahlkampfmanager Michael Spreng ungeniert aus. Merkel und ihr möglicher Koalitionspartner Guido Westerwelle könnten Gerhard Schröder und Joschka Fischer nicht das Wasser reichen, analysiert Edmund Stoiber im kleinen Kreis. Der Kanzler und sein grüner Außenminister seien schließlich keine »Leichtmatrosen«. Mit einer »ostdeutschen Protestantin« und einem »Junggesellen aus Bonn« könne die Union jedenfalls keine Wahl gewinnen.
Stoiber glaubt noch immer, selbst der Kapitän auf dem gemeinsamen Unions-Dampfer zu sein. Mitunter gewinnt man fast den Eindruck, er wünsche Angela Merkel die Niederlage geradezu. Mit seinen Wahlkampfauftritten im Sommer 2005 schadet er ihr jedenfalls mehr, als dass er ihr hilft. Mit kernigen Sätzen schürt er in bayerischen Bierzelten die Vorbehalte gegen die neuen Bundesländer.

»Ich akzeptiere nicht, dass erneut der Osten bestimmt, wer in Deutschland Kanzler wird«,

> »Ich akzeptiere nicht, dass erneut der Osten bestimmt, wer in Deutschland Kanzler wird ... Es darf nicht sein, dass die Frustrierten über das Schicksal Deutschlands bestimmen!«
> Edmund Stoiber

ruft er seinen Anhängern zu. »Es darf nicht sein, dass die Frustrierten über das Schicksal Deutschlands bestimmen!« Im niederbayerischen Deggendorf heizt er die Stimmung mit markigen Sprüchen über das Wahlverhalten der Ostdeutschen an: »Nur die dümmsten Kälber wählen sich ihren Metzger selber!« Der *Berliner Kurier* tituliert ihn daraufhin wenig schmeichelhaft »Ossi-Hasser«. Und auch die Unions-Kanzlerkandidatin meldet sich zu Wort. »Wählerbeschimpfung ist das Falsche«, weist Angela Merkel den Schatten-Kandidaten aus Bayern zurecht.
Doch Stoiber lässt sich nicht aufhalten. Er macht weiter Wahlkampf in eigener Sache. Mit krachledernem Populis-

mus wettert er gegen alle Ostdeutschen, die Oskar Lafontaine und Gregor Gysi als »Helden verehren«. Das, so glaubt er, kommt in den bayerischen Bierzelten besonders gut an. Wenn er schon nicht in der ganzen Republik gegen Gerhard Schröder antreten darf, dann will er wenigstens in Bayern zeigen, wer der wahre Kapitän ist. Stoiber träumt von einem CSU-Wahlergebnis jenseits der 60-Prozent-Grenze. Damit stünde ihm jedes Ressort in einem Kabinett der zukünftigen Bundeskanzlerin Angela Merkel zu. »Super-Edi« als »Super-Minister«, »Super-Edi« als »Schatten-Kanzler«, der die Fäden auch außerhalb Bayerns fest in der Hand hält. »Super-Edi« als Wahlgewinner, der sein Versagen aus dem Jahr 2002 ungeschehen gemacht hat.

Das Desaster oder bewahre auch in ausweglosen Situationen einen kühlen Kopf!

Doch es kommt anders. Als am Wahlabend im September 2005 die ersten Hochrechnungen über die Bildschirme flimmern, schüttelt der bayerische Wirtschaftsminister Otto Wiesheu ungläubig den Kopf und stöhnt entsetzt: »Nein, das kann doch gar nicht sein!« Die CSU liegt in ihrem Stammland unterhalb der 50-Prozent-Marke.

> »Nachdem Stoiber noch nichts gesagt hat, weiß ich nicht, was mein Wille ist.«
> Günther Beckstein

Das bedeutet einen erdrutschartigen Verlust von rund zehn Prozent gegenüber dem Wahlergebnis von 2002. Ein Desaster, wie es schlimmer kaum kommen konnte.
Es trifft Edmund Stoiber vollkommen unerwartet. Damit, dass ihm viele seiner treuen Stammwähler das Vertrauen entziehen könnten, hat er am allerwenigsten gerechnet.

»Super-Edi«, »Super-Ministerium«, »Schatten-Kanzler« – ist nun alles aus und vorbei?

In Krisenzeiten zeigt sich wahre politische Stärke. Angela Merkel versteht es immer wieder, auch in ausweglosen Situationen einen kühlen Kopf zu bewahren und ihre klare Linie beizubehalten. Edmund Stoiber hingegen gerät nach der Wahl im September 2005 ins Schlingern. Er agiert fahrig und konzeptlos. Will er nun als Minister der designierten Bundeskanzlerin Merkel nach Berlin gehen oder bleibt er als Ministerpräsident in München? »Nachdem Stoiber noch nichts gesagt hat, weiß ich nicht, was mein Wille ist«, erklärt Bayerns Innenminister Günther Beckstein kopflos auf die Frage, ob er nun Stoibers Nachfolger als bayerischer Ministerpräsident werden wird.

Das überholte Idol oder lass deinen Konkurrenten ins Leere laufen!

Zunächst sieht es so aus, als könne sich Beckstein Hoffungen machen. Trotz des erdrutschartigen Wahlergebnisses seiner CSU versucht Stoiber, seinen Traum vom »Super-Ministerium« und vom »Schatten-Kanzler« zu realisieren. In den Koalitionsgesprächen tritt er als eine Art Super-Wirtschafts-Europa-Raumfahrtminister der Union auf. Doch seine Auftritte in den Verhandlungen sind geprägt von peinlicher Gestik. Sobald er zu reden beginnt, breitet er die Arme aus und verdeckt damit die neben ihm am Verhandlungstisch sitzende designierte Bundeskanzlerin. Stoiber will mit der seltsamen Gebärde sein Revier abstecken, klarmachen, wer hier Chef im Ring ist. Am liebsten wäre es ihm, er könnte Angela Merkel unsichtbar machen oder sie ganz verschwinden lassen. Die CDU-Vorsitzende lächelt darüber nur still und wechselt amüsierte

Blicke mit ihren Vertrauten. Sie lässt den eitlen Bayern in seiner verzweifelten Kampfpose einfach ins Leere laufen. Sie bietet ihm keinen Widerstand, an dem er sich reiben könnte, sondern schweigt, bis er nicht mehr kann.
»Der Michel muss Wirtschaftsminister werden, wenn ich nach München geh«, gesteht er gegenüber engen Freunden seine Niederlage ein und präsentiert gleichzeitig bereits seinen Nachfolger, den Chef der CSU-Landesgruppe im Bundestag, Michael Glos. Nur ein geeigneter Anlass muss noch abgewartet werden, mit dem sich der Rückzug nach München begründen ließe. Als am 31. Oktober 2005 der Verhandlungsführer der SPD, Franz Müntefering, nach Querelen mit der ehemaligen Juso-Vorsitzenden Andrea Nahles, seinen Rückzug vom Amt des Parteivorsitzenden ankündigt, atmet Edmund Stoiber erleichtert auf. Das ist der Anlass, den er herbeisehnte. Er kehrt Berlin unverzüglich den Rücken und schwingt sich wieder in seinen bequemen Münchner Ministerpräsidentensessel. Die designierte Bundeskanzlerin informiert der abhanden gekommene »Super-Minister« mit keinem Wort. Sie erfährt von Stoibers Entschluss erst aus Agenturmeldungen. Eine späte Rache des einstigen Vorbildes. Doch Angela Merkel kann damit gut leben. Den Namen Edmund Stoiber murmelt sie beim Abwasch schon lange nicht mehr.

- Lerne einen Misserfolg in einen Erfolg umzuwandeln.
- Scheue das Risiko nicht!
- Gib nach, wenn eine Niederlage unvermeidlich ist, doch gib niemals auf!
- Lass deinen Konkurrenten ins Leere laufen, biete ihm keinen Widerstand.

Warten auf die Intriganten...

**Mit neuen Netzwerken
gegen alte Seilschaften:**
Fallbeispiel Kohls Erben – Wulff, Koch und Co.

Die Stimmung an Bord lockert sich erst, als eine Flasche Chivas Regal kreist. Seit Tagen werden die zwölf jungen Männer quer über den südamerikanischen Kontinent gehetzt: Argentinien, Brasilien, Chile, Venezuela. Händeschütteln, deutsche Emigranten treffen, Kulturprogramm, Jetlag inklusive.

Der Andenpakt

Der Trip der Jungen Union durchs sonnige Südamerika im Juli 1979 entwickelt sich für die Teilnehmer schnell zum Stress. Unmut breitet sich aus. Reiseleiter Matthias Wissmann hat in Absprache mit der Konrad-Adenauer-Stiftung einen straffen Terminplan ausgearbeitet. Der Vorsitzende der Jungen Union und spätere Verkehrsminister im Kabinett Kohl will keine Urlaubsgefühle unter seinen Schützlingen aufkommen lassen. Die Youngster der CDU, allesamt Anfang bis Mitte 20, sehnen sich hingegen nach kleinen Auszeiten zwischen den politischen Terminen. »Warum soll man in Rio nicht auch mal gucken, ob es schöne Mädchen gibt?«, lautet ihre Gegenparole zur Hektik des prallen Reisekalenders. Auf dem Nachtflug VA 930 von Caracas nach Santiago de Chile kommt es zur Meuterei. Hoch über den Anden fließt der teure Whisky die durstigen Kehlen der jungen Helden hinab. Eine Serviette der venezolanischen Fluggesellschaft Viasa wird ausgebreitet. »Die Lage ist ernst«, kritzeln die angeheiterten Polit-Touristen auf das weiche Papier. »In Sorge um die hochkarätig besetzte Delegation und zum Schutz der Gesundheit schließen wir uns hiermit zum ›Pacto Andino Segundo‹ zusammen.«
Die Hauptforderung der gestressten Jungpolitiker lautet: »Mehr Ambiente in die Politik.« Man sichert sich zu, nie-

mals schlecht übereinander zu reden – eine Maxime, der in den nächsten zwei Jahrzehnten entscheidende Bedeutung zukommen sollte.

Aus dem alkoholseligen Spaßpakt entwickelt sich schon bald eine stabile Männerseilschaft, die sich gegenseitig stützt und wichtige Partei- und Staatsämter besetzt. Zuwachs bekommt der Südamerika-Bund in den nächsten Jahren von weiteren CDU-Frischlingen, die darauf hoffen, dereinst ihren mächtigen Partei-Chef Helmut Kohl zu beerben. Im Jahr 2002 sitzen die Mitglieder des Andenpaktes in wichtigen Schüsselpositionen:

Roland Koch: Ministerpräsident von Hessen;
Christian Wulff: CDU-Fraktionsvorsitzender in Niedersachsen;
Peter Müller: Ministerpräsident des Saarlandes;
Günther Oettinger: CDU-Landes-Vize in Baden-Württemberg;
Franz Josef Jung: Chef der Hessischen Staatskanzlei.

Aus der fröhlichen Reisetruppe von einst ist ein verschworener Männerclub geworden, der bei seinen regelmäßigen Zusammenkünften die Strippen hinter den Kulissen des Konrad-Adenauer-Hauses zieht. Doch eines ist der Seilschaft bislang nicht gelungen: einen der ihren ins Kanzleramt zu bringen.

» *Mehr Ambiente in die Politik.*«
Pacto Andino Segundo

Idylle in Adlershof

Am Zentralinstitut für physikalische Chemie der Akademie der Wissenschaften in Berlin-Adlershof gibt es im Juli 1979 keinen teuren Whisky. Die junge Frau, die seit mehr als einem halben Jahr in einer muffigen Baracke zwischen

Schlehenbüschen und Stacheldraht ihre Arbeit verrichtet, kocht Kaffee auf türkische Art. Das Institutsgebäude liegt eingezwängt zwischen dem Gebäude des DDR-Fernsehens und den Unterkünften des Stasi-Wachregiments Feliks Dzierzynski. Der Blick, den die 25-jährige wissenschaftliche Mitarbeiterin aus ihrem Bürofenster hat, wirkt trostlos: die Büsche zerrupft, der Stacheldraht rostig.

Zwei Jahre zuvor hatte die junge Pfarrerstochter Angela Kasner ihren Studienfreund Ulrich geheiratet. Seitdem heißt sie Merkel. Von Südamerika-Reisen und Whisky-Sausen über den Anden kann die Physikerin allenfalls träumen. An eine politische Machtstellung in einem demokratischen Deutschland ist nicht einmal zu denken. Helmut Kohl, überhaupt die Bundesrepublik, kennt sie nur aus dem verbotenen West-Fernsehen. Statt mit Politik beschäftigt Angela Merkel sich mit der Berechnung von »Geschwindigkeitskonstanten von Reaktionen einfacher Kohlenwasserstoffe«.

Allein ihre Funktion als FDJ-Sekretärin für Agitation und Propaganda deutet auf ein gewisses Engagement für das sozialistische Gemeinwesen hin. Doch auch hier ist sie eher als unpolitische Kulturtante bekannt – eine Frau im politischen Nirgendwo. Niemand, am allerwenigsten sie selbst, kann 1979 ahnen, dass sie rund 20 Jahre später zur härtesten innerparteilichen Gegnerin des verschworenen Andenpaktes avancieren wird.

Die K-Frage

23 Jahre später, Anfang Januar 2002, beherrscht nur ein Thema die deutschen Gazetten und Nachrichtenkanäle: Welcher christdemokratische Kandidat wird im September dieses Jahres gegen den angeschlagenen SPD-Kanzler

Gerhard Schröder antreten? Ein bleicher, stotternder Katholik aus Bayern oder eine ostdeutsche Protestantin mit dem Charisma einer Spreewaldgurke? Edmund Stoiber oder Angela Merkel?
In den Zeitungsschlagzeilen und Kommentaren wird dafür die griffige Formel »K-Frage« geprägt. Die Abkürzung »K« kann sowohl »Kandidat« als auch – optimistischer – »Kanzler« bedeuten. CDU-Chefin Merkel und CSU-Vorsitzender Stoiber haben vereinbart, die Antwort darauf in einem vertraulichen Gespräch unter vier Augen zu finden. Bis dahin soll geschwiegen werden. Öffentlich und innerparteilich.

Schweigen

Schweigen kann Angela Merkel. Sie hat es bereits früh gelernt, lernen müssen. 1968 macht sie mit ihren Eltern und Geschwistern Ferien im Riesengebirge. Eines Tages beobachtet sie den Sohn ihrer Gastfamilie beim Zerreißen von Briefmarken mit dem Konterfei des damaligen Staatspräsidenten der ÚSSR, Antonin Novotný. Die 14-Jährige fragt den Jungen, warum er das tue. Der antwortet, weil Alexander Dubček der große Freiheitsheld sei und Novotný in den Orkus gehöre. Merkels Eltern fahren euphorisiert ins frühlingshafte Prag und berichten nach ihrer Rückkehr begeistert von der neuen Offenheit in der Stadt. Am Ende der Sommerferien, zu Besuch bei ihrer Großmutter in Berlin-Pankow, hört Angela Kasner im Radio vom Einmarsch der russischen Truppen in Prag. Die halbwüchsige Angela ist zutiefst enttäuscht. Als sie zu Beginn des neuen Schuljahres in ihrer Templiner Schule aufgefordert wird, über ihre Ferienerlebnisse zu berichten, will sie von den zerrissenen Briefmarken und der enttäuschten Hoffnung auf Reformen in Prag erzählen. Doch bereits bei den ersten Worten bemerkt sie, wie sich die Miene des Lehrers verdüstert. Ihr wird klar, dass es besser ist, zu schweigen.

Das Schweigen ist ihr seitdem zur politischen Heimat geworden. Es gehörte zur persönlichen Überlebensstrategie in einem Land, das überall seine Ohren hatte, um das falsche, das regimekritische Wort herauszuhören. Nach der Wende 1989 aber entwickelte sich die in der Not erworbene Eigenschaft zur scharfen politischen Waffe. In der Politik, wo leere Worthülsen und nichtssagende Satzgebäude das Tagesgeschäft bestimmen, ist Schweigen tatsächlich noch Gold wert. Merkel weiß das.

> »Männer sind viel schwatzhafter.«
> Angela Merkel

Das gern bemühte Vorurteil, Frauen seien klatsch- und tratschhaft, münzt sie, ihrer eigenen Stärke bewusst, leichthin um: »Männer sind viel schwatzhafter.«

Auch im Januar 2002 schweigt sie. Sie sitzt in Talkshows und gibt Interviews. Dutzendfach wird ihr die »K-Frage« gestellt. Merkel lächelt und schweigt. Doch ihr Lächeln sagt, dass sie sich längst entschieden hat. »Ich will Kanzlerin werden,« lächelt sie, ohne es zu sagen. Selten zuvor hat sie charmanter und sympathischer gelächelt. Aufmerksame Journalisten wollen gar Grübchen in ihren Wangen entdeckt haben. Ihr befreites Talkshow-Kandidaten-Lächeln jagt ihrem Konkurrenten Edmund Stoiber im heimischen Wolfratshausen kühle Schauer über den Rücken. Auch der CSU-Vorsitzende hat sich längst entschieden. Auch er will gegen Gerhard Schröder in den Ring steigen.

Merkels wortlose Ankündigung zwingt ihn nun wirklich zum Handeln. Er muss das vereinbarte Schweigen als Erster brechen, um nicht von den Ereignissen völlig überrollt zu werden.

Verschwörer im Hintergrund

Noch größer ist der Schrecken über Merkels lautlose Entscheidung jedoch bei den ehemals jungen Wilden des so genannten Andenpaktes. Im Dezember 2001 haben sich die Logenbrüder letztmals getroffen. Einziger Tagungspunkt bei dem Treffen war die »K-Frage«. In einer Kampfabstimmung entschieden die Amigos um Christian Wulff und Roland Koch, den CSU-Vorsitzenden Edmund Stoiber bei der Kanzlerkandidatur zu unterstützen. Ihre Beweggründe entsprangen ureigenem Machtinteresse. Die Entscheidung gegen Merkel sollte die CDU-Vorsitzende in der Öffentlichkeit beschädigen. Über kurz oder lang, folgerten die Amigos, wäre die gescheiterte Kanzlerkandidatur Merkels politischer Tod. Früher oder später könnte ein Mitglied des Andenpaktes die ungeliebte Ostdeutsche als Parteivorsitzender beerben. Ein Scheitern von Stoiber bei der Bundestagswahl würde bei den folgenden Wahlen den Weg für Wulff oder Koch als Kandidat frei machen. Einen möglichen Kanzler Stoiber würde ein Amigo spätestens nach zwei Legislaturperioden ablösen können. »Charakter zeigt sich darin, wie man sich beim dritten und vierten Anlauf verhält«, sagte einst James Michener. Es ist sicher kein Zufall, dass der Aphorismus des amerikanischen Schriftstellers zu Christian Wulffs Lebensmaximen gehört.

> »Charakter zeigt sich darin, wie man sich beim dritten und vierten Anlauf verhält.«
> James Michener

Die Strategie der Andenbrüder

Der Plan ist wohl überlegt. Doch Merkels schweigsamer Alleingang droht ihn im Januar 2002 zu durchkreuzen. Die Andenbrüder sind sich plötzlich nicht mehr sicher: Wird ihr Favorit Stoiber in dem geplanten Vier-Augen-Gespräch mit Merkel standhalten? Oder lässt er sich von der Ostdeutschen einlullen, die sie seit ihrer Wahl zur Parteivorsitzenden als Betriebsunfall in der Geschichte der CDU betrachten?

Bisher haben sie Merkel stets unterschätzt. Jetzt können sie die Frau ohne Partei-Stallgeruch gar nicht mehr einschätzen. Soviel ist den Amigos indes klar: Eine neue, noch härtere Strategie muss her. Es wird vereinbart, dass sich einer nach dem anderen auf den Weg zu Merkel machen soll, um ihr unmissverständlich klar zu machen, dass sie seine Unterstützung bei einer Kandidatur nicht haben wird. Eine Szene wie aus einem Agatha-Christie-Krimi: Jeder soll das Messer in die Hand nehmen und einmal zustechen, das Seil der Amigo-Seilschaft um den Hals der isolierten Vorsitzenden legen und zuziehen. Das Blut an den Händen aller soll die Tat des Einzelnen entschuldigen, den Zusammenhalt des Paktes weiter stärken.

Als einer der ersten macht sich der rheinland-pfälzische CDU-Oppositionsführer Christoph Böhr auf den Weg. Wie in einem Kartenspiel spielen die Amigos anschließend ihre weiteren Trümpfe aus. Die Strukturen und Machtverhältnisse innerhalb bundesdeutscher Polit-Seilschaften waren der Physikerin aus dem Osten bis zu diesem Zeitpunkt nur partiell bekannt. Sie hat in keinem politischen Jugendverband das Intrigenspinnen gelernt. Seitdem sie 14 war, hat sie nur an ihrem Kokon des politischen Schweigens gesponnen. Im gleichen Alter gründete Roland Koch den Ortsverband der Jungen Union in seiner hessischen Heimatstadt Eschborn. Zu Kochs Vorbildern zählt der antike Heerführer Hannibal, der mit seinem Elefantenritt über die Alpen das Lebensmotto des CDU-Politikers bereits vorwegnahm: »Geht nicht, gibt's nicht!« Doch auch zu moderneren Heroen sieht sich Koch in enger mentaler Verwandtschaft: Als Kind wollte er so sein wie Captain Kirk in

Raumschiff Enterprise, hat er einmal in einem Interview erzählt. Ist ihm das nicht gelungen? Bisweilen führt er sein hessisches Regierungsraumschiff durch die unendlichen Weiten der bundesdeutschen Politik, als wären alle Menschen außerhalb seines Machteinflusses gefährliche Aliens. Koch ist der Kreuzbube im Kartenspiel der Anden-Amigos. Sein großer Auftritt wird erst noch kommen.

Zunächst aber spricht der Herzbube Christian Wulff bei Merkel vor. Von ihm hatte sie bisher gedacht, er würde loyal an ihrer Seite stehen. Mit dem niedersächsischen Fraktionsvorsitzenden der CDU als Gegner hat sie nicht gerechnet. Der innere Zusammenhalt des Andenpaktes ist ihr zu diesem Zeitpunkt noch nicht bekannt. Erst später wird sie die Strukturen durchschauen, die Dimensionen erkennen und ihre Konsequenzen daraus ziehen. Als der saarländische Amigo Peter Müller im Jahr 2003 öffentlich die Zwangskastration von Sexualstraftätern fordert und damit die gesamte CDU an den rechten Rand drängt, hat Merkel begriffen. Sie zieht Wulff sanft beiseite: Ob er und

> »So etwas machen wir untereinander nicht.«
>
> Christian Wulff

die anderen Männer nicht mal mit Müller reden und ihn in seine Schranken weisen könnten? Wulffs Antwort demonstriert eindringlich die unerschütterliche Nibelungentreue der Andenbrüder. »So etwas machen wir untereinander nicht«, erklärt der zum Ministerpräsidenten von Niedersachsen aufgestiegene Wulff höflich, aber bestimmt.

Anfang 2002 ist Merkel noch überrascht, als Wulff ihr seine Unterstützung verweigert. Doch sie verfällt nicht in Panik. Die CSU-Landesgruppe um Michael Glos hat auf ihrer Klausurtagung in Wildbad Kreuth inzwischen Stoiber offiziell als Kandidaten vorgeschlagen. Der Konkurrent aus Bayern ist also nicht untätig geblieben. Merkel lässt sich

> *»Sie hat sich für diese Frauen entschieden, zuerst weil sie mit diesen beiden Frauen gute Erfahrung gemacht hat. Und das gilt für Männer und Frauen in ihrem Umfeld. Man muss sehen, dass sie das sehr ausgewogen macht. Bei der Förderung von Frauen weiß sie mittlerweile: »Ich habe da etwas zu tun«, aber sie würde das nicht tun, wenn sie den Frauen nicht vertrauen würde. Wieso auch? Das würde ich auch nicht tun?«*
> Rita Süssmuth

davon nicht beeindrucken. Mit ihrer Büroleiterin Beate Baumann und ihrer Pressesprecherin Eva Christiansen erstellt sie eine Liste möglicher Unterstützer für ihre Kanzlerkandidatur.

Die Liste fällt nicht besonders lang aus. CDU-Geschäftsführer Willi Hausmann und Thomas de Maizière, der Cousin des letzten Ministerpräsidenten der DDR, sind dabei. Beides Männer, mit denen Merkel bereits in der Nachwendezeit eng zusammengearbeitet hat. Männer, die ohne eigenen Machtwillen ausgestattet sind und sich der Parteivorsitzenden loyal unterordnen. Doch es sind nur wenige, vielleicht zu wenige. Trotzdem glaubt Merkel noch immer, die K-Frage für sich beantworten zu können, bis die Anden-Amigos ihren letzten Trumpf ausspielen: den Kreuzbuben – Roland Koch.

Der hessische Ministerpräsident weilt in der ersten Januarwoche zum Skifahren in Tirol. Stets an seiner Seite: der getreue Andenbruder Franz Josef Jung. Lange wähnte sich Koch als legitimer Nachfolger des einstigen CDU-Dominators Helmut Kohl. In der Spendenaffäre um CDU-Schwarzgelder gefiel er sich in der Rolle des Saubermanns und versprach vollmundig »brutalstmögliche Aufklärung«, bis ihm Angela Merkel das Aufklärungszepter aus der Hand riss und Koch selbst im Spendenstrudel zu versinken drohte. Seinen Kopf rettete der »brutalstmögliche Auf-

klärer« nur, indem er seinen willfährigen Adlatus Franz Josef Jung opferte. Der Chef der hessischen Staatskanzlei musste öffentlichkeitswirksam seinen Hut nehmen, um nur wenig später von Koch als hessischer Fraktionsvorsitzender der CDU wieder inthronisiert zu werden. Das Gras in der Politik wächst schnell und lautlos.
Am Mittwoch, den 9. Januar 2002, schlägt Kochs große Stunde. Der Zeitpunkt scheint gekommen, sich für die in der Spendenaffäre erlittene Demütigung zu revanchieren. Während seine Andenbrüder ihre Putsch-Polonäse zur Parteivorsitzenden ins Konrad-Adenauer-Haus bereits absolviert haben, ist Koch zunächst im Hinterhalt geblieben. Seine Weste soll weiß bleiben. Er will nicht als Merkels Henker in die Geschichte eingehen, sondern als ihr Nachfolger. Doch die Sturheit der Parteivorsitzenden, ihr zähes Festhalten an der Chance, erste Kanzlerin der Bundesrepublik Deutschland werden zu können, zwingt Koch, seine sichere Deckung zu verlassen und selbst in Aktion zu treten. Die Anrufe, die er von seinen Logenbrüdern in Tirol erhalten hat, verheißen nichts Gutes. Merkel hat sich von den Besuchen der Anden-Amigos nicht einschüchtern lassen. Sie hält unverdrossen an ihrer Kanzlerkandidatur fest. Kochs eigene Kanzlerambitionen in einer Nach-Stoiber-Ära stehen damit auf dem Spiel. Koch gilt als einflussreichster CDU-Politiker. Ein Machtmensch, dem man alles – im Guten, wie im Schlechten – zutraut. Doch die graue Eminenz im Hintergrund der CDU will nicht wie Kardinal Richelieu leben und sterben. Koch will eines Tages selbst auf den Königsthron, je früher, desto besser. Seine Erfolgsdevise lautet: »Greife nie in ein Wespennest, aber wenn du greifst, dann greife fest zu.«
Am 9. Januar 2002 greift er zu. Fest. Aber es ist kein Wespennest, in das er greift. Es ist eine Hornisse, die er zu fangen versucht. Von der Skipiste aus tippt er die Nummer

der Berliner CDU-Zentrale in sein Handy. Er bittet darum, mit der Parteivorsitzenden verbunden zu werden. Neben ihm steht sein Adlatus Franz Josef Jung. Als Merkel am Apparat ist, gibt Koch ihr unmissverständlich zu verstehen, dass sie mit seiner Unterstützung nicht rechnen kann. Im Gegenteil, er werde alles tun, um ihre Kanzlerkandidatur zu verhindern. Sie habe weder die Befähigung noch die Berechtigung dafür. Auf der in wenigen Tagen stattfindenden Klausurtagung der CDU-Spitze in Magdeburg werde man sich öffentlich für eine Kandidatur Stoibers aussprechen.

> »Greife nie in ein Wespennest, aber wenn du greifst, dann greife fest zu.«
> Roland Koch

Nach Merkels Biografin Evelyn Roll versucht die Parteivorsitzende ihren Standpunkt zu verteidigen, ihr Recht geltend zu machen. Doch es ist zu spät. Koch brüllt ins Telefon. Die Vorsitzende legt auf. Der Kreuzbube ist ausgespielt – und er hat gestochen. Scheinbar.

Handle, wenn du verloren hast

Merkel weiß, dass sie verloren hat. Im Spiel der Anden-Amigos gibt es keine Karte, keine Farbe für sie. Doch die Parteivorsitzende weiß auch, dass sie nur ein Spiel verloren hat. Das Match nach ihren Regeln kann sie noch immer gewinnen. Dafür muss sie handeln – und zwar schnell. Schneller, als man es ihr zutrauen würde. Sie darf sich nicht zum Spielball der Amigos machen lassen, sondern muss die Agierende bleiben. »Behalte stets die Handlungshoheit!« Dieses Prinzip hat sie von ihrem politischen Lehrmeister Helmut Kohl übernommen. Er hat die Fäden nie aus der Hand gegeben. Selbst sein demonstratives

Aussitzen von Problemen und Skandalen hatte ein aktives

> »Sie (die Partei) muss sich wie jemand in der Pubertät von zu Hause lösen.«
> Angela Merkel

Element. Er tat etwas, indem er nichts tat. Vor dem Spendenausschuss über die CDU-Schwarzkonten schwieg er. Doch sein Schweigen war ein anklagender Monolog: »Seht her, ich, der Kanzler der deutschen Einheit, werde an den Pranger gestellt, weil ich ein Ehrenmann bin, der sein Ehrenwort gegeben hat, die Namen der Spender nicht zu nennen.«

Merkel tut es ihrem demontierten Vorgänger gleich. Erfolg versprechende Prinzipien saugt sie auf und macht sie sich zu Eigen. Wie Kohl verlässt sie sich nur auf sich selbst und handelt nach ihrem eigenen Wahlspruch, der da lautet: »Behalte die Fäden in der Hand! Wenn andere dir eine Grube graben wollen – nimm den Spaten selbst in die Hand! Nur du weißt, wie tief du graben musst, um später ohne fremde Hilfe wieder herauszukommen.«

Nach Kochs Anruf aus Tirol gräbt sie eine Grube, von der die Andenbrüder nichts wissen. Sie werden sich später allesamt darin wiederfinden. Der CSU-Landesgruppen-

> »Sie weiß: Auerhähne erschießt man am besten beim Balzen.«
> Michael Glos

chef im Bundestag und 2005 Wirtschaftsminister im Kabinett Merkel, Michael Glos, beschreibt es so: »Sie weiß: Auerhähne erschießt man am besten beim Balzen.«

Nur Merkels engste Vertraute sind eingeweiht, als einen Tag nach Kochs Anruf in aller Heimlichkeit eine Maschine für die Parteivorsitzende organisiert wird. Neben den Mitarbeiterinnen ihres »Girlscamps« Eva Christiansen und Beate Baumann sind das der CDU-Geschäftsführer Willi Hausmann und der Generalsekretär der Partei, Laurenz Mayer.

Mit neuen Netzwerken gegen alte Seilschaften

Am Donnerstag, den 10. Januar 2002, hebt das Flugzeug mit Merkel an Bord in Berlin ab: Ziel München. Die CDU-Vorsitzende hat mit Edmund Stoiber telefoniert. Sie will ihn unbedingt noch heute in der Landeshauptstadt treffen. Doch ausgerechnet an diesem Abend richtet Stoiber seinen traditionellen Neujahrsempfang aus. Man verabredet sich deshalb für den nächsten Morgen zum Frühstück bei Stoibers in Wolfratshausen. Merkel verbringt die Nacht im Münchner Airport-Hotel. Bei einem Hotel in der Innenstadt bestünde die Gefahr, dass sie erkannt und die Geheimmission auffliegen würde. Selbst ihre Personenschützer haben Merkel und das »Girlscamp« ausgetrickst, um den Überraschungseffekt ihres Plans nicht zu gefährden. Am nächsten Morgen um acht Uhr klingelt Angela Merkel wie verabredet an Stoibers Haustür in Wolfratshausen. Bei Frühstückssemmeln und Marmelade trägt sie dem CSU-Vorsitzenden die Kanzlerkandidatur an. Sie trägt an – das Wort »Verzicht« fällt dabei nicht.

Sie wirkt gefasst und souverän, als sie vor den Fernsehkameras später das überraschende Ergebnis des lange erwarteten Vier-Augen-Gesprächs verkündet. Sie hat die vermeintliche Niederlage in einen Sieg umgemünzt. Statt einer schwer beschädigten Parteivorsitzenden, der die Konkurrenz im eigenen Lager die Unterstützung verweigert, steht sie als loyale Parteisoldatin mit blütenweißer Weste da. An ihr wird zukünftig kein Weg mehr vorbei führen. Koch, Wulff und Co. sitzen dage-

> »Ich bin eine Spielerin und habe ein Experiment mit mir selber gemacht. Wie weit konnte ich gehen? Stellen Sie sich eine Lakritzrolle vor, die Sie dehnen. Sie glauben nicht, wie weit die sich dehnen lässt. Je mehr ich das merkte, umso sicherer wurde ich. Sie dürfen nur den Zeitpunkt nicht verpassen, an dem der Faden reißt.«
>
> Angela Merkel

gen in der Grube. Ihre Verweigerungstaktik hat sich gegen sie gewandt. Sollte Stoiber im September 2002 gegen Gerhard Schröder gewinnen, wird nicht Koch, sondern Merkel den Bayern eines Tages als Kanzlerin beerben. Verliert Stoiber die Wahl gegen Schröder, wird sie unumstritten die nächste Herausforderin des SPD-Kanzlers sein.

Merkel wird ihre Strategie in der »K-Frage« später folgendermaßen analysieren: »Ich bin eine Spielerin und habe ein Experiment mit mir selber gemacht. Wie weit konnte ich gehen? Stellen Sie sich eine Lakritzrolle vor, die Sie dehnen. Sie glauben nicht, wie weit die sich dehnen lässt. Je mehr ich das merkte, umso sicherer wurde ich. Sie dürfen nur den Zeitpunkt nicht verpassen, an dem der Faden reißt.« Das Experiment ist geglückt, der Faden nicht gerissen.

»Girlscamp« und »Boygroup«

An Merkel kommt seit dem Frühstück in Wolfratshausen keiner mehr vorbei. Auch nicht die Jungs vom Andenpakt. Im letzten Moment ist es Merkel gelungen, aus einer Niederlage einen Sieg für die Zukunft zu machen. Doch der Putschversuch hat ihr gezeigt, dass ihr »Girlscamp« um Büroleiterin Beate Baumann und Pressesprecherin Eva Christiansen auf lange Sicht nicht zur Machterhaltung ausreicht. Sie weiß, dass sie einen eigenen »Inner Circle« braucht, eine stabile Wagenburg, die ihr loyalen Schutz vor den verborgenen Machenschaften der altgedienten Amigo-Seilschaften verspricht.

Angela Merkel lernt schnell, auch aus vermeintlichen Niederlagen. Neben dem »Girlscamp«, zu dem auch Annette Schavan und Maria Böhmer gehören, die Merkel im November 2005 in ihr Ministerkabinett holt, installiert sie eine

Art »Boygroup«. Dazu gehören: Norbert Röttgen, Ronald Pofalla, Peter Altmaier, Eckart von Klaeden, Thomas de Maizière und Volker Kauder. Allesamt treu ergebene Merkel-Vasallen, die sich dadurch auszeichnen, keinen eigenen Machtwillen zu besitzen. Eine Art Prätorianer-Garde, die ihr politisches Leben im entscheidenden Moment für ihre Cäsarin opfern würde. Von ihnen droht keine Gefahr. Sie stehen eisern an der Seite ihrer Parteivorsitzenden und werden für ihre unerschütterliche Loyalität mit Posten und Funktionen belohnt. Nach Merkels Wahl zur Bundeskanzlerin wird Thomas de Maizière Chef des Kanzleramtes, Peter Altmaier Staatssekretär im Innenministerium, Volker Kauder Vorsitzender der CDU/CSU-Fraktion im Bundestag. Ronald Pofalla wird Kauders Stellvertreter, Norbert Röttgen ist bereits parlamentarischer Geschäftsführer der Fraktion.

Die Anden-Amigos halten zusammen

Doch auch der Andenpakt kann sich seit dem Frühstück von Wolfratshausen über mangelnden Machtzuwachs nicht beklagen. Die Amigos haben sich gegenseitig aus der Grube gezogen.
Christian Wulff ist inzwischen Ministerpräsident von Niedersachsen, Günther Oettinger Ministerpräsident von Baden-Württemberg. Franz Josef Jung ist gar zum Verteidigungsminister unter Kanzlerin Angela Merkel aufgestiegen. Ob er als hessisches U-Boot seines Amigo-Bruders Roland Koch in Berlin ankert, oder ob Merkel ihn an den Kabinettstisch geholt hat, um den alten Widersacher in Wiesbaden besser unter Kontrolle zu haben, wird die Zukunft erweisen.

Einen wichtigen Neuzugang kann der Andenpakt bereits vor der Vereidigung Jungs zum Minister vermelden: Der ehemalige Fraktionsvorsitzende der CDU, Friedrich Merz, ein Mann, der nicht gerade als Merkel-Intimus bekannt ist, stößt Anfang November 2005 zu den Amigos Wulff, Koch und Co. Er wird mit offenen Armen empfangen. In Berlin heißt es seitdem scherzhaft, alle wichtigen CDU-Politiker seinen nun im Andenpakt aktiv – außer einem: der Kanzlerin Angela Merkel. Doch das ist nur die halbe Wahrheit. Sie hat sich ihr eigenes Netzwerk aufgebaut, einen loyalen »Inner Circle«, der ohne die profilierungssüchtigen Eitelkeiten der Anden-Amigos auskommt. Ein einziges Mal wurde sie seit dem Treffen mit Stoiber in Wolfratshausen von den Logenbrüdern zu einer Zusammenkunft eingeladen. Allen ist nur die frostige Atmosphäre in Erinnerung geblieben. Eine von Friedbert Pflüger angeregte zweite Einladung wurde vom Rest der Anden-Connection schlichtweg abgelehnt. Bis zur Bundestagswahl im September 2005 herrschte eine Art Waffenstillstand.

> »Es bleibt der Eindruck, dass die Union wenige Tage nach der Wahl das Gegenteil zu allem sagt, was sie früher für wichtig gehalten hat ... Für die Steuerpolitik können Sie nur sagen: So viel SPD war nie.«
>
> Friedrich Merz

Koch, Wulff und Co. gaben sich loyal. Es schien, als hätte die Parteidompteuse sie tatsächlich gezähmt. Doch bereits während der Koalitionsverhandlungen mit der SPD schossen die Amigos wieder quer. »Mit der großen Koalition kann sich nichts Tiefgreifendes ändern ... Das ist völlig ausgeschlossen«, meldete sich der Captain Kirk aus Hessen, Roland Koch, als Erster zu Wort. Dann folgte der Schwabe Günther Oettinger: »Deutschland bekommt eine große Koalition, die zur Lösung der jetzigen

Aufgaben eigentlich nicht geeignet ist.« Zuletzt Friedrich Merz: »Es bleibt der Eindruck, dass die Union wenige Tage nach der Wahl das Gegenteil zu allem sagt, was sie früher für wichtig gehalten hat ... Für die Steuerpolitik können Sie nur sagen: So viel SPD war nie.«

Die Amigos wollen und werden das Feld nicht kampflos räumen. Von einem wie Roland Koch, der gerne von sich behauptet, nicht immer nur der Amboss, sondern gelegentlich auch der Hammer zu sein, ist kaum kuschelige Ruhe zu erwarten. Dafür sind alle Andenbrüder mit zu viel eigenem Machtwillen ausgestattet. Merkels Prätorianer-Garde wird in der Zukunft zeigen müssen, wie wehrhaft sie ist.

Ihr Intimus Norbert Röttgen hatte nach der Wahl mit dem Chefsessel im Kanzleramt geliebäugelt. Doch Merkel bevorzugte den sturmerprobten Administrator Thomas de Maizière. Röttgen, der in seiner knappen Freizeit mit Vorliebe Lenkflugdrachen steigen lässt, war ihr zu unerfahren für den bedeutsamen Job. Sie weiß um die Stärken und Schwächen aller Mitglieder ihres »Inner Circles«. Eine leichte Änderung der Windrichtung – und schon ist ein Lenkflugdrachen nicht mehr zu halten. Doch Merkel weiß auch um die Schwächen ihrer innerparteilichen Gegner.

Roland Koch gibt sich nicht mit Lenkflugdrachen ab. Bei ihm muss es gleich ein ganzes Raumschiff sein. Immer mit dem Fuß auf dem Gas ist er ständig in Gefahr, im Weltall zu verglühen oder von einem schwarzen Loch geschluckt zu werden. Vielleicht sammelt er sich mit seinen Amigo-Brüdern zur nächsten Attacke, zum nächsten Putsch. Doch Angela Merkel ist gewappnet. Sie hat spätestens in der »K-Frage« bewiesen, dass sie im richtigen Moment fähig ist, zu handeln. Ihre Wagenburg steht.

- Agiere im Hintergrund, bis dein Moment gekommen ist!
- Manage deine Macht effizient.
- Versuche nicht, einem Klub anzugehören, der dich nicht haben will.
- Baue dir deinen eigenen Inner Circle auf.

Vermeide Loyalitäten, die dir schaden:

Fallbeispiel Günther Krause

Vermeide Loyalitäten, die dir schaden

Günther Krause war einmal ein wichtiger Mann in der Bundesrepublik Deutschland. Gemeinsam mit Wolfgang Schäuble arbeitete er 1990 den deutsch-deutschen Einigungsvertrag aus und besiegelte mit seiner Unterschrift eines der wichtigsten Dokumente der deutschen Nachkriegsgeschichte. Als Verkehrsminister hat er unter Bundeskanzler Helmut Kohl die Ostseeautobahn (A 20) zwischen Lübeck und Stettin begonnen. Dafür sind ihm heute viele dankbarer als für den Einigungsvertrag. Doch Krause war noch mehr: Er war einmal so etwas wie der Chef von Angela Merkel –

> »Da lief sie ganz allein in den riesigen Gängen rum, sie hat sich nicht richtig ausgekannt. Ich wusste auch nicht richtig, wer sie ist.«
> Heiner Geißler

ganz am Beginn ihrer politischen Karriere, als sie noch mit Gesundheitsschlappen, wehenden Röcken und roten Bäckchen durch die Nachwendezeit stolperte. Der ehemalige CDU-Generalsekretär Heiner Geißler erinnert sich später an seine erste Begegnung mit Merkel Ende 1990 in Bonn: »Da lief sie ganz allein in den riesigen Gängen rum, sie hat sich nicht richtig ausgekannt. Ich wusste auch nicht richtig, wer sie ist.«

Ein ostdeutscher Vorzeigepolitiker

Krause, der einst den Ruf des ostdeutschen Vorzeigepolitikers genoss, gilt als Merkels frühester politischer Förderer – und als ihr erstes politisches Opfer. Im Gegensatz zu Merkel drängte es den Informatik-Professor aus Wismar bereits früh in die Politik.
Schon 1975 trat er in die als »Blockflötenpartei« verrufene Ost-CDU ein, fiel bis zur Wende dort allerdings nicht we-

sentlich auf. Während andere Mitglieder der Ost-CDU in alte SED-Seilschaften verstrickt waren, konnte Krause nach dem Wendejahr 1989 als völlig unbelasteter Saubermann agieren.

Glückloser Informatiker

An der Technischen Universität Wismar hatte man dem Informatiker stets einen Hang zu krankheitsbedingter Abwesenheit nachgesagt. In der Wendezeit glänzte Krause hingegen mit omnipotenter Präsenz auf allen politischen Plattformen. Die Politik war seine große Chance. Seine wissenschaftliche Karriere hatte dagegen schon vor 1990 einige empfindliche Dämpfer erhalten. Als Informatiker erforschte er »die Voraussetzung zur dezentralen Nutzung der Mikrorechentechnik in der Seehandelswirtschaft«. Die praktische Umsetzung seiner Forschungen war dabei selten von Erfolg gekrönt. Immer wenn das von ihm entwickelte Computerprogramm für den Containerumschlag im Rostocker Hafen auf seine Praktikabilität getestet werden sollte, bewahrte ein lästiger Schnupfen oder eine gnädige Grippe den glücklosen Professor davor, seinem eigenen Scheitern beiwohnen zu müssen.

Glückspilz der Wende

In der Politik sollte das zunächst anders werden. Krause galt als Glückspilz der Wende. Seine große Stunde schlug in der Nacht zum 31. August 1990. Gemeinsam mit Helmut Kohls bundesdeutschem Unterhändler Wolfgang Schäuble unterschrieb der inzwischen zum Parlamentarischen Staatssekretär der DDR aufgestiegene Informatik-Professor den deutschen Einigungsvertrag. Rund zehn Jahre nach seiner Unterschrift wird sich Krause wenig euphorisch über die praktische Umsetzung seiner damaligen Vorstellungen äußern. Im November 1999 kommt es

Vermeide Loyalitäten, die dir schaden

im Kloster Neuzelle, in Märkisch-Oderland, anlässlich des zehnjährigen Wendejubiläums zu einer Art »Loser-Treffen« ehemaliger Spitzenpolitiker. Gemeinsam mit dem Ex-Verkehrsminister Krause diskutieren Ex-SPD-Vorsitzender Björn Engholm und der letzte DDR-Kulturminister Herbert Schirmer über die Lage der Nation. Krause beklagt sich auf der öffentlichen Veranstaltung: »Nur 40 Prozent der im Einigungsvertrag vereinbarten 5500 Regelungen sind überhaupt erfüllt worden.«

Seit der ersten und letzten freien Volkskammerwahl der DDR im März 1990 hatte sich Krause zu einem unverzichtbaren Bindeglied zwischen dem letzten DDR-Ministerpräsidenten Lothar de Maizière und Helmut Kohl entwickelt. Vor ihm lag die Aussicht auf eine glänzende politische Karriere.

> »Nur 40 Prozent der im Einigungsvertrag vereinbarten 5500 Regelungen sind überhaupt erfüllt worden.«
> Günther Krause

Mit Wolfgang Schäuble gehörte er zum Kreis derer, die als potenzielle Nachfolger Kohls gehandelt wurden. Nichts deutete auf seinen Fall hin, der genauso plötzlich kam wie sein politischer Aufstieg. Seine politisch aktive Hochphase währte nur knapp drei Jahre. Doch in diesen drei Jahren erlebte er im Schnelldurchlauf alles, wofür andere Politiker ein ganzes Leben brauchen. Krause stieg hoch und fiel tief. Er hatte keine Zeit zu lernen wie Merkel. Ihm erging es wie dem überforderten Ost-Entertainer Wolfgang Lippert. Der wurde als Moderator des *ZDF*-Flagschiffs *Wetten dass?* in den westdeutschen Medienhimmel geschossen. Am Ende machte er nur noch Schlagzeilen als Werkzeugdieb in Baumärkten.

Auch Günther Krause verwandelte das Schicksal vom hoch gehandelten Wendegewinner binnen kürzester Zeit zum Wendeverlierer.

Angela Merkel im Demokratischen Aufbruch

Sein Schützling Angela Merkel hatte es da leichter. Sie stellte sich allerdings auch klüger und geschickter an. Ihre Fähigkeit, im Hintergrund geduldig zu warten, bis ihre Zeit gekommen ist, hat ihr dabei geholfen. Wenn Günther Krause der Wolfgang Lippert der deutschen Politik ist, dann ist Angela Merkel deren Yvonne Catterfeld. Wie die ostdeutsche Schlager-Soubrette, deren Show-Karriere über Jahre hinweg geduldig aufgebaut wurde, konnte Merkel aus der zweiten politischen Reihe heraus ein eigenes Profil entwickeln. Im Gegensatz zu Krause wurde Merkel relativ spät politisch aktiv. Erst im Dezember 1989 schloss sie sich dem Demokratischen Aufbruch (DA) um Pfarrer Rainer Eppelmann an. Zu diesem Zeitpunkt wurde ihr klar, dass ihre berufliche Zukunft in der Politik liegen würde. Rainer Eppelmann erinnert sich später: »Das war im Herbst 1989, wir waren beim Einrichten unseres Büros für den Demokratischen Aufbruch in Prenzlauer Berg. Da stand sie vor der Tür und sagte, sie wolle jetzt mit uns reden und möglicherweise bei uns mitmachen ... Sie ist offensichtlich schon immer eine ehrgeizige Frau gewesen. Ehrgeizig nicht nur in dem Sinne: Ich will Karriere machen. Sondern: Ich will was lernen, ich will was gestalten. Es ist erstaunlich, was sie alles gemacht hat auf dem Weg von der Pressesprecherin zur Ministerin.«

> »Sie ist offensichtlich schon immer eine ehrgeizige Frau gewesen. Ehrgeizig nicht nur in dem Sinne: Ich will Karriere machen. Sondern: Ich will was lernen, ich will was gestalten.«
>
> Rainer Eppelmann

Eine spätere Rückkehr in ihren erlernten Beruf als Physikerin erschien Merkel kaum vorstellbar und wenig attraktiv.

Mit dem Eintritt in den Demokratischen Aufbruch hatte sie einen neuen Weg in ihrem Leben eingeschlagen, dem sie von da an treu blieb, trotz der Stasi-Enttarnung des DA-Spitzenkandidaten Wolfgang Schnur im März 1990. »Meine größte menschliche Enttäuschung,« urteilte sie später über den gestrauchelten Spitzenkandidaten und blieb in der Politik. Schnurs Enttarnung bereitete den Boden für die Auflösung und das Ende des Demokratischen Aufbruchs. Zwar hatte die »Allianz für Deutschland«, unter deren Dach sich DA, Ost-CDU und DSU zur Wahl zusammengefunden hatten, einen klaren Sieg erreicht. Doch der Anteil von Merkels Demokratischem Aufbruch daran fiel durch die Schnur-Pleite denkbar gering aus. Die vorher hoch gehandelte neue Partei erhielt bei den ersten freien Volkskammerwahlen nur noch 0,9 Prozent der Stimmen. Angela Merkel, die sich in den Wochen zuvor von einer Art Mädchen für alles zur Pressesprecherin der Partei hochgearbeitet hatte, erkannte die Gefahr, ins Abseits zu geraten und handelte. Noch in der Wahlnacht, als ihre gerade begonnene Politik-Karriere bereits wieder zu kippen drohte, suchte sie das Gespräch mit Thomas de Maizière. Dem West-Cousin und Berater des CDU-Wahlsiegers Lothar de Maizière rang sie das Versprechen ab, bei einer Regierungsbildung die Verdienste des Demokratischen Aufbruchs nicht zu vergessen. Gemeint waren dabei vor allem ihre eigenen Verdienste. Tatsächlich setzte sich der heutige Chef von Merkels Kanzleramt für die hartnäckige junge Frau aus der 0,9-Prozent-Partei ein. Sein Vetter Lothar berief sie nach Thomas´ Fürsprache zur stellvertretenden Regierungssprecherin. Unmittelbarer Vorgesetzter von Merkel wurde Matthias Gehler. Bei prestigeträchtigen Auslandsreisen ließ der gelernte EDV-Fachmann seiner Stellvertreterin bisweilen den Vortritt. Der Grund dafür sei seine Flugangst gewesen, wird immer wieder kolportiert und dementiert. »Auf sie war Verlass«, ist Gehler ihr noch heute dankbar.

Angela Merkel nutzte ihre Chance. Es ist eine ihrer immensen Stärken, Chancen intuitiv zu erkennen und zu nutzen. Auf Dienstreisen nach Paris, Moskau und Straßburg gelangt sie in den inneren Kreis um den letzten DDR-Ministerpräsidenten Lothar de Maizière und wirkt dabei mit ihrer unprätentiösen Kleidung und dem schlichten Haarschnitt noch immer wie eine Studentin. Vor dem Moskau-Trip wird ihr geraten, sich zumindest einen Mantel und »vernünftige Schuhe« zu kaufen. Solche und ähnliche Ratschläge bekommt sie in dieser Phase des politischen Umbruchs viele.

> »Auf sie war Verlass.«
> Matthias Gehler

Die helfende Hand Günther Krauses

Einer dieser wohlmeinenden Ratgeber gehört zu den engsten Vertrauten von Lothar de Maizière. Es ist der Parlamentarische Staatssekretär Günther Krause. Bei Krauses großer historischer Stunde am 31. August 1990 ist Angela Merkel als stellvertretende Regierungssprecherin anwesend. Mit Krauses Unterschrift unter den Einigungsvertrag ist das Ende der DDR besiegelt. Die schnelle Wiedervereinigung Deutschlands bringt Merkels berufliche Zukunft nicht in Gefahr. Sie hat aus der Volkskammerwahl im März gelernt und vorgebaut. Sie weiß zwar: Spätestens am Tag der deutschen Einheit, dem 3. Oktober 1990, ist sie ihren attraktiven Job als stellvertretende Regierungssprecherin los. Doch dieses Mal ist sie darauf vorbereitet. Auf dem Vereinigungsparteitag der CDU am 1./2. Oktober in Hamburg schlüpft auch die ehemalige Pressesprecherin des

Demokratischen Aufbruchs unter den großen Mantel von Helmut Kohls Christdemokraten. Sie wird Parteigenossin der einflussreichen »Blockflöte« Günther Krause. Der Mann, der zuvor bereits mit modischen Ratschlägen behilflich war, hilft nun wieder ganz pragmatisch: Der neue Bundesminister für besondere Aufgaben im Kabinett Kohl sichert die ehemalige stellvertretende Regierungssprecherin mit einer A-16-Planstelle im Bonner Bundespresse- und Informationsamt ab.

Eigentlich könnte Merkel damit zufrieden sein. Sie bleibt im politischen Leben und muss nicht zurück in die Wissenschafts-Tretmühle. Doch sie hadert mit dem Schicksal: Eben noch hat sie in Paris mit François Mitterand an einem Tisch gesessen – und jetzt soll sie in ein kleines Bonner Büro einziehen und durchs Fenster den großen Jungs beim Politikmachen zusehen. Dazu noch ihr hoher Blutdruck, der eine Arbeit im öffentlichen Dienst vielleicht gar nicht zulässt, die Einstellungsuntersuchung steht schließlich erst noch bevor. Ihr neuer Parteikollege Günther Krause kann Merkels Unzufriedenheit nachvollziehen. Er entwickelt sich in dieser kurzen Phase zu ihrem wichtigsten Förderer, zu einer Schlüsselfigur in ihrer politischen Karriere. Obwohl ihm sein Einsatz später nicht gedankt werden wird, hilft er Angela Merkel dabei, ihren ersten parteiinternen Gegner auszuspielen und kaltzustellen. Bevor Krause selbst ausgespielt und kaltgestellt wird.

Die Alternative für Merkels Beamtenjob im Bundespresseamt soll ein Bundestagsmandat sein. Für eine Arbeit im Parlament scheint ein hoher Blutdruck kein nennenswerter Hinderungsgrund zu sein. Merkel will mit aller Macht ein aktiver Teil der Politik in einem demokratischen Land bleiben. Sie erkennt, dass dieses Ziel am ehesten mit Günther Krause erreichbar ist. Krause wandelt in Helmut Kohls Dunstkreis, er steht dem Zentrum der politischen

Macht näher als der nur formal mächtigere Ex-Ministerpräsident Lothar de Maizière. Merkel durchschaut die Strukturen der Macht wie kaum ein anderer. Stets weiß sie im entscheidenden Augenblick, wer ihr nützlich sein kann und wer nicht. Sie greift ohne zu zögern nach Krauses helfender Hand, die ihr zur ersten gesamtdeutschen Wahl am 2. Dezember 1990 den Wahlkreis Stralsund-Rügen-Grimmen beschert. In Brandenburg, Merkels eigentlicher Heimat, ist kein Wahlkreis mehr frei. Da trifft es sich gut, dass Krause nicht nur Bundesminister, sondern gleichzeitig auch CDU-Landesvorsitzender von Mecklenburg-Vorpommern ist. Stralsund-Rügen-Grimmen gilt als sicherster CDU-Wahlkreis in Mecklenburg.

Es scheint alles gut zu laufen für Merkel. Doch die Sache hat einen Haken: Es gibt bereits einen CDU-Kandidaten für diesen Wahlkreis: den Oldenburger Hans-Günther Zemke. Merkel fällt es nicht schwer, seine West-Herkunft für ihr politisches Kalkül zu benutzen. Es gehöre sich nicht, dass Alt-Bundesdeutsche für die neuen Bundesländer in den Bundestag einzögen, argumentiert sie. Doch wie soll man Zemke loswerden? Merkels Förderer Krause sucht und findet die Lösung: Bei der Wahl Zemkes werden Formfehler festgestellt. Das Kandidatenkarussell wird erneut gedreht. Diesmal ist – wenig verwunderlich – der Versorgungsfall Angela Merkel mit von der Partie. In der Mecklenburgischen Provinz lernt sie, wie man Strippen ziehen kann, ohne eine weiße Weste zu verlieren. Ein Formfehler ist nun mal ein Formfehler. Dazu darf man nicht schweigen. Die Demokratie muss eine ehrliche Sache bleiben – so lautet Merkels vordergründiges Argument. Im Hintergrund schöpft sie alle Möglichkeiten aus und benutzt sie für ihren eigenen Vorteil. In einer Kampfabstimmung der Wahlkreismitgliederversammlung wirft sie ihre ostdeutsche Identität in die Waagschale und siegt gegen den düpierten Westdeutschen. Ein Triumph des Brandenburg-Imports über den West-Import im hohen Norden. Dank Günther Krause und ihrem Geschick, Machterhaltung in ein demokratisches Prinzip einzubetten, zieht Merkel nach der Bundestagswahl im Dezember 1990 als CDU-Abgeordnete des Wahlkreises Stralsund-Rügen-Grimmen in den deutschen Bundestag ein.

Weiter denken

Den Boden für ihr weiteres politisches Fortkommen hatte sie bereits zuvor geebnet. Während des Vereinigungsparteitages der CDU am 1./2. Oktober bat sie ihren Kollegen vom Demokratischen Aufbruch, Hans Geisler, sie mit Helmut Kohl bekannt zu machen. Die Initiative ging von ihr aus. Sie wurde nicht von Kohl »entdeckt«, wie häufig behauptet wird. Sie brachte sich selbst ins Spiel. Man könnte diese ihrer Stärken in folgende Empfehlung kleiden: Verstecke dein Machtstreben hinter Zurückhaltung und Bescheidenheit. Gib anderen das Gefühl, an deinem Erfolg beteiligt zu sein, ihn beeinflusst oder gar initiiert zu haben! Am Vorabend des Parteitages kam es zu dem erhofften Gespräch mit dem Kanzler der Einheit. Noch im November vor der Bundestagswahl lud Kohl sie zu einem zweiten Gespräch in sein Bonner Kanzleramt ein. Offensichtlich hatte er Gefallen an der jungen Frau aus dem Osten gefunden. Merkel muss seitdem gewusst haben, dass sie einen Platz in Kohls zukünftigem Personalstab haben würde. Sie erlebt diese Zeit als eine Art naturwissenschaftliches Experiment. »Das war ja jenseits aller Wünsche«, gibt sie später offen zu. »Plötzlich saß ich mit all den Leuten am Kabinettstisch, die ich mein Leben lang am Fernsehen bewundert hatte. Und dann habe ich mir gedacht: Du kannst

Integrale lösen, da wirst du dich auch mit Norbert Blüm unterhalten können.«

Doch es bedurfte noch eines Anstoßes von außen. Der kommt erneut von Günther Krause. Wieder macht er sich stark für Angela Merkel. Der designierte Verkehrsminister und Vertraute Kohls nennt Merkels Namen, als der CDU-Chef eine ostdeutsche Kandidatin für das neu geschaffene Frauen- und Jugendministerium sucht. Krause gefällt sich zunehmend in der Rolle des Förderers. Jemand anderen zu fördern, bedeutet, selbst Macht zu haben. Krause ahnt nicht, dass seine Macht zeitlich begrenzt ist. Schon bald wird er von seinem Protegé überholt und kaltgestellt werden.

> »Du kannst Integrale lösen, da wirst du dich auch mit Norbert Blüm unterhalten können.«
>
> Angela Merkel

Ministerin

Angela Merkel gibt sich überrascht, als Lothar de Maizière ihr Anfang Januar 1991 in einem vertraulichen Gespräch mitteilt, dass Helmut Kohl sie bald anrufen werde. »Warum sollte er das tun?«, fragt sie mit gespielter Naivität. In Wahrheit ahnt oder weiß sie längst, dass sie auf Kohls Ministerliste steht. Sie weiß nur noch nicht, welches Ministerium er für sie vorgesehen hat. Dass es schließlich das Ministerium für Frauen und Jugend wird, soll sich als Glücksfall für ihre weitere politische Karriere erweisen. Es ist keines der großen Ministerien, die unter besonderem öffentlichen Druck stehen. Hier kann sie vergleichsweise unbeobachtet lernen, die Strukturen des politischen Taktierens trainieren und sich ein eigenes Profil erarbeiten. »Für mich lag gerade in dieser Aufgabe eine große Chance«, wird sie später

Vermeide Loyalitäten, die dir schaden

darüber berichten. »Ich konnte mich einarbeiten, ich konnte die Mechanismen kennen lernen, lief aber nicht Gefahr, bei etwaigen Schwierigkeiten daran zu zerbrechen. Günther Krause zum Beispiel ist zum Teil auch an seiner Mammutbehörde, dem Verkehrsministerium, gescheitert.«

> »Ich konnte mich einarbeiten, ich konnte die Mechanismen kennen lernen, lief aber nicht Gefahr, bei etwaigen Schwierigkeiten daran zu zerbrechen. Günther Krause zum Beispiel ist zum Teil auch an seiner Mammutbehörde, dem Verkehrsministerium, gescheitert.«
> Angela Merkel

Günther Krause: Als Merkels Förderer hat er nun ausgedient. Merkel braucht ihn nicht mehr. Mit ihrer Vereidigung zur Bundesministerin für Frauen und Jugend am 18. Januar 1991 begibt sie sich in die Hände eines noch Mächtigeren: Sie wird zu »Kohls Mädchen«. Durch Krause hat sie ihr erstrebtes politisches Etappenziel erreicht. Als er ihr nicht mehr nützlich ist, kappt sie die Verbindung. Die Machtverhältnisse verschieben sich zu Gunsten Angela Merkels.

Krauses Fall

Günther Krause macht in der Folgezeit vieles falsch. Sein kleinster Fehler ist noch, den Kritikern der schnellen deutsch-deutschen Einigung zuzurufen, dass nun endlich auch die Menschen in den neuen Bundesländern billig Ananas kaufen und essen könnten. Der Machtzuwachs, den das Amt des Verkehrsministers bedeutet, steigt Krause zu Kopf. Er sieht sich bereits als Nachfolger Helmut Kohls, als ersten ostdeutschen Kanzler überhaupt. Der einst so erfolglose Wissenschaftler ist euphorisiert von den neuen Möglichkeiten, die sich ihm plötzlich bieten. Nicht nur in der Politik, sondern auch privat. Krause erlebt den Kapitalismus als gewaltige Ich-Chance. Es fehlt ihm an der Erfahrung, was noch moralisch vertretbar ist und was nicht. Er beginnt, sich die Taschen zu füllen. Binnen kürzester Zeit wird der vom ostdeutschen Boulevardblatt *Superillu* zum »Super-Ossi« hochstilisierte Informatiker zum »Super-Loser«. Skandale und Affären rund um seine Person wechseln sich nahezu im Wochenrhythmus ab. In Bonner Journalistenkreisen macht schon bald ein kurzer Witz die Runde: »Was Neues von Krause?« – »Nö, diese Stunde noch nichts.«

Bei der Affäre um die Lizenzvergabe für Autobahnraststätten sieht er sich als Opfer, als »Robin Hood des Ostens«, dem die Wessis das viele Geld nicht gönnen, das er verdient. Es fehlt ihm zunehmend an der notwendigen Fähigkeit, sich und sein Handeln durch die Augen anderer betrachten zu können. Sein Blickwinkel ist ausschließlich auf den eigenen Vorteil ausgerichtet, Selbstreflexion kennt er nicht. Spätestens als der Verkehrsminister seinen 17-jährigen Sohn mit einer Sondergenehmigung im Luxus-Jeep zur Schule fahren lässt, wird Krauses fehlender Realitätssinn offenkundig. Der einstige Überflieger hat vollständig abgehoben, jegliche Bodenhaftung verloren. Die öffentliche Meinung hat für den »Super-Ossi« nur noch wenig schmeichelhafte Spitznamen parat: »Professor Unrat«, »Raffke« oder »Schmarotzki«. Seine unverhohlene Habgier bedeutet schließlich sein politisches Ende. Als im Frühjahr 1993 öffentlich wird, dass sich Krause eine Putzkraft für seinen Privathaushalt im beschaulichen Börgerende zu großen Teilen vom Arbeitsamt subventionieren lässt, ist der gut verdienende Minister nicht mehr zu hal-

> *» Krause hat eben einen herben Charme.«*
>
> Helmut Kohl

Vermeide Loyalitäten, die dir schaden

ten. Lange hatte sich Helmut Kohl vor seinen Verkehrsminister gestellt. »Krause hat eben einen herben Charme«, lautete seine Verteidigungsstrategie für den abstürzenden Überflieger. Doch nach der so genannten Putzfrauenaffäre kann auch Kohl für seinen Schützling aus dem Osten nichts mehr tun. Kohl hat bereits einen neuen Protegé: »sein Mädchen« – Angela Merkel.

Keine helfende Hand für Krause

Die neue Ministerin für Frauen und Jugend schaut sich Krauses Tanz auf der Rasierklinge aus sicherer Distanz an. Ihr Instinkt und ihre persönliche Bedürfnislosigkeit bewahren sie davor, ähnliche Fehler zu begehen. Sie spannt zwar keine Stolperdrähte für ihren einstigen Förderer, doch sie zerschneidet auch keine. Sie warnt ihn nicht, sondern lässt ihn ungerührt von einem Fettnäpfchen ins nächste stolpern. Sie steht daneben und sieht tatenlos zu, wie Krause sich und seine Karriere ruiniert. Falsche Loyalität ist nicht Merkels Sache. Es würde ihren eigenen Aufstieg gefährden. Einer der stürzt, reißt einen mit in den Abgrund, falls man das Seil nicht kappt. Merkel hat das Seil, mit dem Krause sie nach oben gezogen hat, längst gekappt. Wie bereits bei Hans-Günther Zemke, ihrem ersten innerparteilichen Opfer, zieht sie den Demokratie-Joker aus dem Ärmel. Sie rät Krause zum Rücktritt, als er den Weg zu ihr sucht. Ihr, der Frau aus Brandenburg, der er zum Bundestagsmandat und zum Ministeramt verholfen hat, vertraut er. Von den Wessis Wolfgang Schäuble und Volker Rühe fühlt er sich hingegen geradezu verfolgt. Er vermutet, dass sie ihn als lästigen Ost-Konkurrenten für das Kanzleramt in einer Nach-Kohl-Ära betrachten. Doch das Vertrauen, das er Angela Merkel entgegenbringt, macht sich nicht bezahlt. Zum Wohle der Demokratie solle er von seinen Ämtern zurücktreten, gibt sie ihm deutlich zu verstehen. Wieder schwingt sie sich, kühl kalkulierend, in die gepolsterte Demokratie-Schaukel. Diesmal mit dem vollmundigen Versprechen, ihrem einstigen Förderer bei einem späteren Wiedereintritt in die Politik behilflich zu sein. Krause glaubt ihr. Er will ihr glauben. Er hat keine andere Wahl. Die Stimmung und die öffentliche Meinung sind längst gegen ihn. Also tritt er nicht nur von seinem Amt als Verkehrsminister zurück, sondern legt auch den Vorsitz des CDU-Landesverbandes Mecklenburg-Vorpommern nieder. Seine Nachfolgerin als Landesvorsitzende im Juni 1993 wird: Angela Merkel.

Die eigene Karriere hat absolute Priorität

Als Krause sich zwei Jahre später um das Amt des Oberbürgermeisters von Rostock bemüht und Merkels Unterstützung dabei einfordert, lässt sie ihn kalt abblitzen. Die gleiche bittere Erfahrung muss der Gestrauchelte im Jahr 1998 machen, als er das Bundestags-Direktmandat für die CDU in Rostock holen will. Merkel tut nichts für ihn. Der skandalgebeutelte Ex-Förderer steht ihrem eigenen Aufstieg im Weg. Ein machtorientierter Leitsatz lässt sich daraus ableiten: Vermeide falsche Loyalitäten, halte Distanz zu ehemaligen Weggefährten, die deiner Karriere gefährlich werden könnten!

In Günther Krauses Worten klingt das weitaus bitterer: »Ihr Hauptförderer, der dafür gesorgt hat, dass sie überhaupt aufs Festbankett kommt, war ich«, urteilt der ehemalige Verkehrsminister Jahre später in einem Gespräch mit der Journalistin Evelyn Roll über Merkel. »Und als ich ins Wanken gekommen bin, hat sie den Finalschuss abgegeben. So ist die. So funktioniert die ... Wenn man Frau Merkel den Rücken zudreht, gibt's einen Tritt in den Arsch ...«

Vermeide Loyalitäten, die dir schaden

Krauses ehemaliger Chef, der letzte DDR-Ministerpräsident Lothar de Maizière, formuliert es weniger drastisch: »Ich habe das Gefühl, dass Angela Berührungsängste hat mit allen Leuten, die sie in ihrer Karriere gefördert haben oder mal wichtig waren ... Sie hat großen Spaß daran wie jemand, der eine Marionette bewegt: Wenn ich an dieser Strippe ziehe, dann wackelt's da. Es ist der Spaß an der Herrschaft über die Mechanik, aber auch an der Herrschaft über Menschen.« De Maizière gehört nicht zu denen, die in schwierigen Situationen auf Merkels Loyalität hofften und enttäuscht wurden. Dennoch entspricht seine Analyse in verblüffend vielen Aspekten Krauses bitterem Resümee.

> »Ich habe das Gefühl, dass Angela Berührungsängste hat mit allen Leuten, die sie in ihrer Karriere gefördert haben oder mal wichtig waren.«
> Lothar de Maizière

Als Angela Merkel nach der CDU-Spendenaffäre Anfang 2000 auf dem Sprung zur Parteivorsitzenden ist, meldet sich ihr einstiger Förderer erneut zu Wort. Seine Enttäuschung über die mangelnde Dankbarkeit seines ehemaligen Protegés ist längst noch nicht verflogen. In einem Zeitungsinterview prophezeit er der CDU den Konkurs, falls seine Partei keinen anderen Kandidaten als Merkel finde. Doch die Meinung des »Super-Losers«, der selbst einmal vom Platz an der Spitze träumte, will schon lange keiner mehr hören: Wenig später wird Angela Merkel mit überwältigender Mehrheit zur neuen CDU-Vorsitzenden gewählt.

Verspielte Chance

Krauses Tiefpunkt ist hingegen noch lange nicht erreicht. Der Mann, der sich als Opfer Merkels fühlt, fällt weiter. Nach seinem Rückzug als Verkehrsminister erhält er rund 410 000 DM aus der Staatskasse. Damit sollte es sich eigentlich wirtschaften lassen. Doch wieder bekommt der Ex-Politiker nicht genug. Er gründet die »Aufbau Invest AG«, die »Aufbau Invest GmbH«, wird Aufsichtsrat der »IG Farbenindustrie« und Mitbesitzer der Bank »Compagnie Nord«. Er will wieder durchstarten, es noch einmal allen zeigen – vor allem Merkel, die ihn so schnöde behandelt hat. Doch bei all seinen neuen Aktivitäten beweist er wenig wirtschaftliches Geschick. Wie zuvor bereits in der Politik liegt sein Augenmerk ausschließlich auf seinem persönlichen Vorteil. Das kann auf Dauer nicht gut gehen und es geht nicht gut.

Bereits kurz nach der Gründung geraten seine verschiedenen Unternehmen ins Trudeln. 1995 spart er die Sozialabgaben für seine Angestellten ein. Dafür wird er 1998 vom Arbeitsgericht verurteilt. Doch es soll noch weit schlimmer kommen. Als Geschäftsführer seiner »Aufbau Invest GmbH« besorgt er einen Kredit der Bayerischen Landesbank in Höhe von elf Millionen DM. Doch statt das Geld, wie vorgesehen, in Bauprojekte seiner Firma zu investieren, will Krause damit den ganz großen Deal realisieren. Er transferiert die Millionen in die Schweiz, um an einem Yen-Dollar-Geschäft zu partizipieren, das sagenhafte Renditen verspricht. Wo andere Alarmsirenen hören, sieht Krause nur Dollarzeichen vor seinen Augen. Seine Habgier dominiert seinen Verstand und reitet ihn in den Ruin. Das Yen-Dollar-Geschäft funktioniert nach einem Schneeball-Prinzip. Als es auseinander bricht, wird Krause von der Lawine mitgerissen. Der wirtschaftliche Schaden beträgt später 6,5 Millionen Euro. Im Mai 2001 muss Krause Offenbarungseid leisten. Er gibt sein persönliches Barvermögen mit 200 DM an. Was folgt, ist die Zwangsversteigerung seines Ferienhauses im sonnigen Süden, der Verlust seiner Villa im idyllischen Börgerende, die Scheidung von seiner Frau Heidrun. Krause ist am Tiefpunkt

Vermeide Loyalitäten, die dir schaden

angekommen. Im Dezember 2002 wird er vom Landgericht Rostock wegen Untreue in Millionenhöhe, Betrugs und versuchter Steuerhinterziehung zu einer Haftstrafe von drei Jahren und neun Monaten verurteilt. Höher gestiegen und tiefer gefallen ist vor ihm kaum ein anderer Politiker in der Bundesrepublik Deutschland.
Im August 2004 hebt der Bundesgerichtshof das Urteil gegen den ehemaligen Verkehrsminister auf. Der Hauptvorwurf der Veruntreuung eines millionenschweren Kredits sei inzwischen verjährt, heißt es in der Begründung des BGH. Der ehemalige »Super-Ossi« ist noch einmal mit zwei blauen Augen davongekommen. Er muss nicht ins Gefängnis und hätte nun die Zeit, das Prestigeobjekt aus seiner Zeit als Bundesverkehrsminister zu vollenden und sich mit der Politik zu versöhnen. Am 7. Dezember 2005 wird der letzte Abschnitt der Ostseeautobahn bei Tribsees in Mecklenburg-Vorpommern für den Verkehr freigegeben. »Ich bin glücklich, dass wir es geschafft haben, in nur 15 Jahren deutscher Einheit die Autobahn zu planen und zu bauen,« bringt sich der Ex-Minister bei dieser Gelegenheit in Erinnerung. »Wir« sagt er. Und er spricht noch einmal von der »deutschen Einheit« – ich hatte meinen Anteil daran, soll das wohl heißen. Doch es ist nicht Verkehrsminister Krause, der an diesem trüben 7. Dezember 2005 in Tribsees mit den Ministerpräsidenten von Schleswig-Holstein und Mecklenburg-Vorpommern, Peter Harry Carstensen und Harald Ringstorff, sein Lieblingsprojekt vollendet. Es ist die neue Bundeskanzlerin Angela Merkel, die mit der Schere das Band durchschneidet und den letzten Abschnitt der Ostseeautobahn feierlich eröffnet.

- ⊙ Stecke deine Ziele hoch!
- ⊙ Verstecke dein Machtstreben hinter Zurückhaltung und Bescheidenheit.

- Gib anderen das Gefühl, an deinem Erfolg beteiligt zu sein, ihn beeinflusst oder gar initiiert zu haben.
- Vermeide falsche Loyalitäten, halte Distanz zu ehemaligen Weggefährten, die deiner Karriere gefährlich werden könnten!
- Binde deine Rivalen nur so lange in deine Ziele ein, wie es dir nützt.

»Wir werden Kanzlerin!«:
Fallbeispiel Alice Schwarzer

Alice Schwarzer oder »Wir werden Kanzlerin!«

Im Jahr 1992 klingelte das Telefon im Frauenministerium. Die Feministin Deutschlands schlechthin war am Apparat: *Emma*-Herausgeberin Alice Schwarzer. Aber sie wollte nicht etwa mit der Ministerin Angela Merkel über deren ablehnende Haltung gegenüber einer in der Union einzuführenden Frauenquote oder ihre Stimmenthaltung beim Beratungsgesetz zum Abtreibungsparagraphen 218 reden. Auch wollte sie nicht über das Merkel-Zitat, dass Feminismus »kein wohlklingendes Wort sei«, diskutieren. Nein, sie wollte sich mit ihr zum Essen verabreden. Alice Schwarzer hatte Mitleid mit »Kohls Mädchen« und »dem Trampel aus dem Osten«. Immerhin zitierte das Magazin der *Süddeutschen Zeitung* die Frauenministerin nach hundert Tagen im Amt: »*Emma*? Nö, habe ich nie gelesen, das ist etwas anderes als *Elle*, oder?«

Zu diesem Zeitpunkt übertrafen sich die Medien gerade in der ersten der vielen Kampagnen gegen Angela Merkels Aussehen. Es herrschte der unisono verkündete Tenor: Was-hat-die-denn-für-eine-Frisur?, Was-trägt-die-für-komische-Röcke? und Wie-sieht-die-überhaupt-aus? Tatsächlich passte die damals meist ungeschminkte junge Frau aus dem Osten mit den langen, unmodischen Röcken nicht zum gewohnten Hochglanzbild einer selbstbewussten, emanzipierten Karrierefrau.

> »Wer über Jahrzehnte seine halbe Lebenskraft gebraucht hat, sich als Person zu behaupten und sein Gesicht zu wahren, empfindet vielleicht weniger Lust an der Verkleidung als an seinem Sosein und beharrt auf seiner schmucklosen Haartracht und seinem angeborenen Gesicht wie auf seinem Charakter.«
> Monika Maron

Im Westen sahen die wenigen Frauen, die es bis ganz nach oben geschafft hatten, anders aus. Die ostdeutsche Schriftstellerin Monika Maron drückte den Unterschied in einem Artikel in der *FAZ* über Angela Merkel so aus: »Ostdeutsche Frauen haben Haare, westdeutsche eine Frisur.«

Witz ist die beste Waffe gegen unwichtige Themen

Lieber eine graue Maus mit Köpfchen als ein schillerndes Glamourgirl, das war das Motto in der DDR. Das Angepasstsein bis zur Unkenntlichkeit – auch im Aussehen – bot Schutz vor einem Staat, der seine Bürger bespitzelte. Wer richtige Jeans und Parka trug, wie Angela Merkel als Jugendliche, war sofort identifizierbar, denn die konnten nur von der West-Verwandtschaft geschickt worden sein. Im DDR-Warenhaus Konsum gab es ausnahmslos Kleider im »Einheitslook«, und die auch noch schlecht geschnitten. Nach 1989 wirkten die meisten Ostdeutschen allein wegen ihrer Kleidung schon grau und unscheinbar.
Aussehen und Kleidung werden aber bei Frauen in Führungspositionen besonders kritisch beäugt. Was in männlichen Kreisen gerne als zusätzliche Waffe von Frauen gilt, ist in der Mediendemokratie wohl eher eine Waffe gegen sie: Diese Lektion übers Funktionieren westlicher Medien muss Angela Merkel erst bitter lernen. Aber sie beweist Selbstbewusstsein. Gerade war eine Kampagne des Autovermieters Sixt erschienen: Unter einem Foto von Angela Merkel steht »Lust auf eine neue Frisur?« Auf der nächsten Seite antwortet ein zweites Bild von Angela Merkel: Nun stehen ihr die Haare wild zu Berge. Die Werbebotschaft unter der Fotomontage: »Mieten Sie ein Cabrio.« Diese »Punk-Fotos« machen die Runde in allen deutschen Zeitungen und Zeitschriften. Aber nicht etwa im Anzeigenteil, nein, sie werden im redaktionellen Teil gierig aufge-

Alice Schwarzer oder »Wir werden Kanzlerin!«

> »Ich möchte mich nicht verbiegen, sonst ist man am Ende nur noch ein Schatten seiner selbst.«
> Angela Merkel

griffen, auch in Fernsehberichten häufig zitiert und verschaffen dem Autovermieter einen kostenlosen, unbezahlbar wirksamen Werbeauftritt. Die Presse freut sich sichtlich über den Witz der Kampagne und erwartet klammheimlich beleidigte Reaktionen des Opfers. Doch Angela Merkel reagiert schlagfertig: »Das ist ja mal ein interessanter Stylingvorschlag«. Einem Reporter gegenüber witzelt sie, das Foto sei aufgenommen worden, als sie zum ersten Mal die Rentenpläne der rotgrünen Bundesregierung gesehen habe.

»Keine Leistung durch Styling« – das ist lange Merkels Strategie gegenüber allen gut (und böse) gemeinten Beratungsvorschlägen. Die ostdeutsche Schriftstellerin Monika Maron verteidigt sie in der *FAZ*: »Wer über Jahrzehnte seine halbe Lebenskraft gebraucht hat, sich als Person zu behaupten und sein Gesicht zu wahren, empfindet vielleicht weniger Lust an der Verkleidung als an seinem Sosein und beharrt auf seiner schmucklosen Haartracht und

> »Ich habe eine hochintelligente, sachorientierte, mir integer scheinende Frau kennen gelernt. Das gefällt mir natürlich. Und auch, dass sie nicht ins Weibchen-Klischee passt und offensichtlich mehr Zeit mit Denken als mit Schminken verbringt.«
> Alice Schwarzer

seinem angeborenen Gesicht wie auf seinem Charakter.« Angela Merkel will in der Sache überzeugen und nicht mit ihrem Aussehen. Fast trotzig signalisierte sie mit ihrer Frisur: Aussehen ist nicht ausschlaggebend und geht die Öffentlichkeit im Grunde nichts an. »Ich möchte mich nicht verbiegen, sonst ist man am Ende nur noch ein Schatten seiner selbst.«

Diese Strategie verschafft ihr schon 1992 eine ungewöhnliche Freundin. Über das Essen mit Merkel sagt Alice Schwarzer später: »Sie kam, und ich habe eine hochintelligente, sachorientierte, mir integer scheinende Frau kennen gelernt. Das gefällt mir natürlich. Und auch, dass sie nicht ins Weibchen-Klischee passt und offensichtlich mehr Zeit mit Denken als mit Schminken verbringt.« Seitdem treffen sich die beiden regelmäßig. »Ich unterhalte mich gerne mit ihr«, erklärt Angela Merkel.

»Keine Leistung durch Styling« oder was trägt die erste Bundeskanzlerin?

Erst als 2002 Edmund Stoiber gegen Gerhard Schröder beim Kampf ums Kanzleramt verlor und der Weg frei ist für sie, passt Angela Merkel ihr Outfit den Vorstellungen der Öffentlichkeit an. Auf den Plakaten zum Europawahlkampf präsentiert sie zum ersten Mal ihre neue Frisur. Sogleich fragt die BILD am SONNTAG »Wer hat Frau Merkel so schön gemacht?« Der Berliner Promifriseur Udo Walz wirft sich den Medien gegenüber stolz in die Brust: Er sei dafür verantwortlich. 2003 erklärt er im Kölner Express die langsame Wandlung der Frisur Angela Merkels: »Die Endfrisur in einigen Monaten wird ein gestufter Pagenkopf sein, mit Pony, der zur Seite geföndt und luftiger wird.« Mit neuer Frisur und mehr Farbe bei den im Wahlkampf von ihr gerne getragenen Hosenanzügen ist sie dann zur Kanzlerkandidatur angetreten. In allen Artikeln

> »Wenn eine Frau zu einer Regierungserklärung einen roten Blazer trägt, wird das von der Bevölkerung eigentlich angenommen als dem ernsten Anlass angemessen? Oder wird es als zu spielerisch, zu protzig angesehen?«
>
> Angela Merkel

zum Styling der Kandidatin, selbst bei Udo Walz als Anhänger Merkels, schien immer ein erleichtertes »Endlich!« mitzuklingen. Zwar haben auch Helmut Kohl und Edmund Stoiber auf sanfte Hinweise ihrer Imageberater hin in Wahlkämpfen zu modischeren Brillenformen gefunden. Doch bei keinem Mann wurden Kleidung und Frisur jemals so seitenfüllend in den Medien erörtert wie bei Angela Merkel. Gerhard Schröder zeigte zwar edle Brioni-Anzüge und Zigarre, als er sich 1998 zum Foto-Shooting einfand, doch die berühmten Schwarzweiß-Fotos gehen auf ihn selbst zurück und illustrieren sein offensives Spiel mit der Erwartungshaltung der Medien. Angela Merkel dagegen hat sich nie für Modezeitschriften umgezogen, Anfragen gab es sicherlich genug.

Im Sommer 2005 befragt ausgerechnet Alice Schwarzer in *Emma* Angela Merkel zu ihren apricotfarbenen Gewändern, die sie in Bayreuth bei den Richard-Wagner-Festspielen trug. Über fast eine Seite steht die Kanzlerkandidatin Rede und Antwort zu den neuen »weiblichen« Farben ihrer Kleidung und über ihre veränderte Frisur. In der *Brigitte* dagegen sind sich die Frauen einig: Sie haben keine Lust mehr, ständig über Angela Merkels Frisur zu reden. Sie wollen von der CDU-Vorsitzenden Antworten auf politische Fragen. Hier, bei der vermeintlichen Zielgruppe, ist das Thema schon lange abgehakt: Frauen sind eben emanzipierter als »manncher« Journalist denkt.

Doch die, die so wenig auf ihr Äußeres gab, sieht sich im Jahr 2005 vor die wichtige Frage gestellt, wie der richtige Stil für eine erste Bundeskanzlerin auszusehen habe. Im Frühjahr 2005 bekennt sie vor Frauen ihrer Partei, dass sie sich oft mit dieser Problematik auseinandersetze. Bei Männern sei die Kleiderordnung für eine Regierungserklärung einfach: der Anzug dunkel, nur bei der Krawatte gebe es Entscheidungsspielraum. »Wenn eine Frau zu einer Regierungserklärung einen roten Blazer trägt«, fragt sie sich und die Frauen der Union, »wird das von der Bevölkerung eigentlich angenommen als dem ernsten Anlass angemessen? Oder wird es als zu spielerisch, zu protzig angesehen?« Noch gibt es keine eingeführten Regeln für das öffentliche Auftreten mächtiger Frauen in Deutschland. Angela Merkel hat sich bei ihrer Regierungserklärung für einen schwarzen Anzug mit hellen Knöpfen entschieden. Lieber angepasst und ohne Experimente, als schon wieder eine Diskussion über ihre Kleidung, das ist ihr Motto in Sachen Kleidung. Farben trug sie im Wahlkampf, da wollte sie ja auch auffallen.

Unterschätzt werden ist auch ganz nützlich

Alice Schwarzer war von Angela Merkel bei ihrem ersten Treffen sehr beeindruckt. Zwar hatte die Feministin die Politikerin zunächst unterschätzt. Aber die Frau, die sie 1992 kennen lernte, war eine eigenständige, selbstbewusste Physikerin, die sich schon zu DDR-Zeiten ganz gut gegen die Männer behaupten konnte. Und unbeeindruckt und unabhängig vom konservativen Klischee lebte Merkel – als CDU-Mitglied! – bis 1998 in »wilder Ehe« mit dem Chemie-Professor Joachim Sauer zusammen.
Ob als CDU-Vorsitzende oder als Kanzlerkandidatin – jedes halbe Jahr schrieben die Zeitungen lange Berichte über Merkel mit einer einzigen Frage: »Kann die das?« (*Die Zeit*). *BILD* nannte die heutige Bundeskanzlerin provozierend mitleidig »tapfere Frau Merkel«. Niemand traute ihr zu, nicht nur CDU-Vorsitzende zu sein, sondern es auch zu bleiben und dann sogar noch Kandidatin der Union für das erste Amt im Staate zu werden. Und so wurde jeder

ihrer Fehler gleich als existenzielle Krise gewertet. 2000 musste sie als frisch gekürte Parteivorsitzende ihre erste große Niederlage einstecken. Obwohl die CDU damals gegen die Steuerreform der Bundesregierung war, enthielten sich bei der Abstimmung im Bundesrat einige der konservativen Ministerpräsidenten.

Geschickt hatte die Regierung Schröder zum Beispiel den damaligen Regierenden Bürgermeister Berlins, Eberhard Diepgen mit Versprechungen auf ihre Seite gezogen. Diepgen regierte seinerzeit in Berlin mit der SPD zusammen. Noch einen Tag vorher hatte er aber seiner Parteivorsitzenden versichert, er werde gegen die Reform stimmen. Das altbekannte Spiel zwischen der Bundesregierung und den Bundesländern um die Mehrheit bei den Entscheidungen des Bundesrats hatte die Unionsvorsitzende hier zum ersten Mal gespielt und verloren. Schnell waren sich alle einig: »Sie kann das nicht«. Eine Frau als Parteivorsitzende dürfe sich nur ein, zwei schwere Fehler leisten, sonst sei sie weg, so beschrieb Heiner Geißler den wackligen Stuhl, auf den sich Angela Merkel gesetzt hatte.

> »Ostdeutsche Frauen haben Haare, westdeutsche eine Frisur«
> Monika Maron

Angela Merkel mag es, unterschätzt zu werden. Ein Trumpf, den sie, gerade wenn es um ihre Machtposition geht, gerne ausspielt. Wenn Roland Koch und seine Mitstreiter vorher gewusst hätten, wie gut sie sich als Parteivorsitzende schlägt, hätten sie wahrscheinlich schon 2000 ihre Kandidatur verhindert.

Auch Edmund Stoiber hat sie unterschätzt. Nach den Verhandlungen zwischen SPD und CDU im Spätsommer 2005 um den Koalitionsvertrag kratzte der CSU-Chef an der alleinigen Richtlinienkompetenz der Kanzlerin Angela

Merkel und forderte für sich ein mächtiges Superministerium. Plante er, heimlicher Kanzler in Berlin zu werden? Wären seine Wünsche erfüllt worden, die interessantesten Bestandteile anderer Ministerien zugeteilt zu bekommen, hätte er überproportionalen Einfluss gehabt. Weder die SPD konnte das unterstützen, zumal er Teile von Ministerien forderte, die von ihnen besetzt wurden, noch fand er Rückhalt bei Angela Merkel. Der CSU-Chef zog sich beleidigt und erleichtert auf sein Amt als bayerischer Ministerpräsident zurück.

Oder die amerikanische Presse: Als Angela Merkel im Januar 2006 zum Antrittsbesuch nach Washington reiste, weissagten die US-Medien, sie werde das »Schoßhündchen« des amerikanischen Präsidenten George W. Busch werden. Angekommen betonte sie zwar ihren Willen zu einer gemeinsamen Politik, sprach zu aller Überraschung aber auch das heikle Thema US-Gefangenenlager Guantanamo auf Kuba offen an. Schon im Vorfeld hatte sie gesagt, dass sie für die Schließung des Gefängnisses sei, da die inhaftierten Terrorverdächtigen dort häufig ohne Anspruch auf ein Verfahren jahrelang festgehalten würden. Damit sagte sie »Ja« zu einer gleichberechtigten Partnerschaft der beiden Länder und deutlich »Nein« zu einer bedingungslosen Gefolgschaft Deutschlands mit ihr als Kanzlerin. Angela Merkel überrascht eben lieber, als dass sie Erwartungen enttäuscht.

»Wir werden Kanzlerin« oder der Reiz der Macht

Als Margaret Thatcher – wahrlich alles andere als eine Feministin – in Großbritannien Premierministerin wurde, ist Alice Schwarzer immer wieder gefragt worden, ob das nicht schrecklich sei mit dieser eisernen Lady? Ihre Antwort: »Sagen Sie mal nichts gegen diese englischen Ladies mit ihren Handtaschen. Wenn ein kleines Mädchen in England den Fernseher anknipst und Politik sieht, hat es die Auswahl zwischen der Queen und Maggie Thatcher. Das ist dann doch immer noch viel besser als alles, was kleine Mädchen in Deutschland zu sehen bekommen.« Starke, mächtige Frauen, egal ob rechts oder links, finden immer das Wohlwollen der ersten Feministin im Staate Deutschland.

> »Der Frauenanteil im Bundestag ist trotz einer Kanzlerin in der Union geschrumpft.«
>
> Maria Böhmer

Dass Mädchen nur Queen in England werden können, wenn sie die richtige Abstammung haben oder den Kronprinzen heiraten, und die Queen keine echten politischen Kompetenzen hat, spielt dabei für Schwarzer keine Rolle. Aber sind mehr britische Frauen in die Politik gegangen, nur weil sie als Mädchen Maggie Thatcher im Fernsehen gesehen haben? 2005, kurz nach Angela Merkels knappem Wahlsieg, warnte die Vorsitzende der Frauenunion, Maria Böhmer, öffentlich: »Der Frauenanteil im Bundestag ist trotz einer Kanzlerin in der Union geschrumpft.«
Seit den Achtzigerjahren träumt Alice Schwarzer von einer Bundeskanzlerin in Deutschland. So verwundert es nicht, dass sie im Jahr 2000 die Erste ist, die sich für Angela Merkel als CDU-Vorsitzende stark macht. Im Jahr 2005, zwei Wochen vor der Bundestagswahl, zieht Schwarzer als glühende Wahlkämpferin für die erste Frau auf dem Weg ins Kanzleramt durch die Talkshows. Auch Angela Merkel bearbeitet die weibliche Zielgruppe. Sie tritt sowohl bei der Frauenunion auf, einer Vereinigung, der sie selbst nicht angehört, wie bei einer Wahlveranstaltung von »Victress«, gegründet von der Managerin Sonja Müller, der Lebens-

gefährtin des ehemaligen CDU-Generalsekretärs Laurenz Meyer. Hier betont sie plötzlich, was sie alles für die Frauen tun werde, wenn sie Kanzlerin wird. Mit ihrer Schlussfolgerung: »Ich bin eine Frau und das kann ja jeder sehen«, versucht Angela Merkel die weibliche Bevölkerung für sich zu gewinnen. Sie weiß: In Deutschland gibt es mehr Frauen als Männer, und Frauen wählen traditionell eher links als rechts.

Das hatte Signalwirkung. Frauenpolitik wurde zum ersten Mal ein wichtiges Thema in einem deutschen Wahlkampf. Plötzlich saßen nur noch Frauen in den Polittalkshows der Nation. Vorher waren in den 38 Sendungen der Politik-Plauderrunde *Sabine Christiansen* nur 43 Frauen zu Gast gewesen, gegenüber einer mehrfach höheren Anzahl von Männern. Der TV-Polittalk ist eigentlich eine Männerdomäne, weiblich sind häufig nur die Moderatorinnen. Zwei Wochen vor der Bundestagswahl war das anders: In der *ARD*-Sendung *Maischberger* gerieten sich die ehemalige Grüne Jutta Ditfurth und die Sängerin Nina Hagen lautstark beim Thema Frauenpolitik in die Haare. Zum ersten Mal hatte Sabine Christiansen zu ihrer Sendung direkt nach dem TV-Duell Schröder gegen Merkel auch die langjährige Chefredakteurin der *Brigitte* eingeladen.

Nicht alle Frauen sind gleich oder Frau sein ist kein Programm

»Wir wollen Antworten, Frau Merkel!« Unter dieser Überschrift schrieben Künstlerinnen in der *taz* einen offenen Brief und wehrten sich dagegen, dass Alice Schwarzer als Wahlkämpferin für Angela Merkel vorgab, für alle Frauen zu sprechen. Die Initiatorin Antje Schlag argumentierte, dass sie eine Kandidatin einer rechtsradikalen Partei ja auch nicht wählen würde, nur weil diese eine Frau sei. Die Musikerin Luci van Org fragte nach einem politischen Programm Merkels für Frauen, die Kinder und Karriere vereinen wollten. Und die Schriftstellerin Antje Ravic Struvel verstand nicht, warum eine Kanzlerkandidatin, die es selbst in ihrer Partei so weit gebracht hatte, die Frauen nun wieder zurück an den Herd schicken wollte.

> »Merkels Dilemma ist, wie das jeder Karriere-Frau, dass sie zwar eine Frau ist und auch weitgehend so behandelt wird, es die Männer in den oberen Etagen aber nicht zu sehr merken lassen darf. Denn eine Ausnahmefrau lassen die noch durchgehen, aber eine, die sagt: Ich bin die erste von vielen – die kriegt Ärger. So wie ich.«
> Alice Schwarzer

Die Grüne Renate Künast brachte es auf den Punkt: »Frau sein ist noch kein Programm«. Im schleswig-holsteinischen Wahlkampf hatte Angela Merkel zuvor selbst Ähnliches gesagt: Nur weil Heide Simonis die einzige Ministerpräsidentin in Deutschland sei, sei das kein Grund sie zu wählen. Kurz, die Frauen hatten sehr wohl Angela Merkels aufgesetzte Frauenstrategie durchschaut – doch es ist Alice Schwarzer, die diese immer wieder verteidigt: »Merkels Dilemma ist, wie das jeder Karriere-Frau, dass sie zwar eine Frau ist und auch weitgehend so behandelt wird, es die Männer in den oberen Etagen aber nicht

> »Wir wollen Antworten, Frau Merkel
> Künstlerinnen in der taz

zu sehr merken lassen darf. Denn eine Ausnahmefrau lassen die noch durchgehen, aber eine, die sagt: Ich bin die erste von vielen – die kriegt Ärger. So wie ich.«

Angela Merkel schaffte auch als ehemalige Frauenministerin das Kunststück, sich nicht auf die Nische »Frauenpolitik« reduzieren zu lassen. Zu den CDU-Frauen aus der Frauenunion, deren Vorstellungen ihr wohl zu konservativ waren, hielt sie lange Distanz. Aber auch Rita Süssmuths Eintreten für eine gemäßigte Quotenregelung in der Union war ihr fremd.

Aufgewachsen in den gesellschaftlichen Strukturen der DDR, die die Gleichberechtigung von Frau und Mann – zumindest scheinbar – verwirklicht hatte, bestand bei Merkel zunächst kein eigener biografischer Zugang zur Wirklichkeit westdeutscher Frauen. Heute sieht sie das anders, jetzt sagt sie auch manchmal Sätze wie »Helmut Kohl hat 1990 alle Frauenpositionen mit Frauen aus dem Osten besetzt. ... Das war für manche Frauen aus der alten Bundesrepublik schon eine harte Sache, vor allem, wenn man bedenkt, wie lange Frauen gerade in der Politik kämpfen mussten, um überhaupt in aussichtsreiche Positionen zu kommen.«

> »Helmut Kohl hat 1990 alle Frauenpositionen mit Frauen aus dem Osten besetzt. ... Das war für manche Frauen aus der alten Bundesrepublik schon eine harte Sache, vor allem, wenn man bedenkt, wie lange Frauen gerade in der Politik kämpfen mussten, um überhaupt in aussichtsreiche Positionen zu kommen.«
>
> Angela Merkel

Noch im Jahr 2000, im Angesicht des drohenden Parteivorsitzes, äußerte Angela Merkel gegenüber Alice Schwarzer ihre Ängste davor, dass die Frauen im Lande (ob konservativ oder nicht) zu große Erwartungen in sie setzen könnten.

Und die *Emma*-Gründerin entgegnete, Angela Merkel solle sich mal keine Sorgen machen, die Frauen wüssten sehr wohl, dass sie in der CDU sei und nicht in der SPD. Auch wenn nicht alle Frauen sich so einfach von Angela Merkels Macht faszinieren lassen wie Alice Schwarzer, weiß Merkel doch den Frauenbonus für sich zu nutzen. Die sonst eher für linke Positionen stehende Feministin Schwarzer ist nicht die einzige, die für eine Bundeskanzlerin in Deutschland kämpfte.

Ein parteiunabhängiges Unterstützerinnen-Netzwerk

Als Angela Merkel im Jahr 2000 ihr neues Büro im Konrad-Adenauer-Haus bezieht, ist sie nicht allein. Ihre Büroleiterin und enge Vertraute seit 1992, Beate Baumann, und ihre Pressesprecherin Eva Christiansen ziehen mit um. Schnell wird in Berlin über die »Weiberwirtschaft« und das »Girlscamp an der Klingelhöferstraße« gespöttelt. Merkel kontert auf Nachfrage: »Selbst bei Männern soll es vorkommen, dass Sekretärinnen weiblich sind. Das ist bei mir auch so ... Auch der Bundeskanzler hat eine Büroleiterin.« Baumann und Christiansen sind Merkels engste Beraterinnen. Manchen in der CDU ist das verschworene Damentrio in Merkels Büro wohl ein wenig unheimlich. Aber weil drei noch kein ganzes Camp ausmachen, werden gleich noch drei andere Frauen dazugezählt: die ehemalige Kultusministerin von Baden-Württemberg und jetzige Bundesministerin für Bildung und Forschung, Annette Schavan, die Vorsitzende der Jungen Union und jetzige Staatssekretärin im Kanzleramt, Hildegard Müller, und die Vorsitzende der Frauenunion und jetzige Integrationsbeauftragte, Maria Böhmer. Sicherlich gehören sie zum Inner Circle von Angela Merkel, aber ihr Einfluss innerhalb der CDU ist vergli-

> »Selbst bei Männern soll es vorkommen, dass Sekretärinnen weiblich sind. Das ist bei mir auch so.«
> Angela Merkel

chen mit dem mächtigen Andenpakt gering. Im direkten Schlagabtausch hat Angela Merkel dann auch verloren: Sie wollte Annette Schavan zur Nachfolgerin des scheidenden Ministerpräsidenten Fritz Teufel in Baden-Württemberg machen, konnte ihre Kandidatin gegen den Andenbruder Günther Oettinger aber nicht durchsetzen.
Merkels Umfeld lässt sich, auch wenn das Alice Schwarzer vielleicht gefallen würde, nicht auf die »Girls« reduzieren.

> »Frauen müssen sich alleine auf den Weg machen.«
> Angela Merkel

Es wird ergänzt durch die passende »Boygroup«. Dazu zählt zum Beispiel der Fraktionsvorsitzende Volker Kauder oder der CDU-Geschäftsführer, der lange als Kanzleramtschef in der Presse gehandelt wurde, Johannes von Thadden. Jahrelang hatte diesen Posten Willi Hausmann, den Angela Merkel aus dem Umweltministerium mitgenommen hatte, inne. Er erledigte während der Spendenaffäre die parteiinternen Aufräumarbeiten, ohne die sie nicht Parteichefin geworden wäre. Pennälerhafte Wortspiele machten damals die Runde: »Die Mädels von der Klingelhöferstraße schotten sich mit ihrem Hausmann ab.«
Die wirklich einflussreichen weiblichen Verbündeten Angela Merkels aber saßen bei ihrer Amtseinführung als Kanzlerin auf der Zuschauertribüne des Bundestages: Verlegerin Friede Springer und – was manchen ähnlich wie Alice Schwarzers Engagement für Merkel überraschen mag – Springers Kollegin Liz Mohn. Die heimliche Bertelsmann-Chefin hatte schon im Oktober 2003 eine Laudatio auf die CDU-Vorsitzende gehalten. Neben den Verlegerinnen saß auch Moderatorin Sabine Christiansen und trank mit den beiden anderen zur Feier des Tages Sekt und knabberte Kekse. Regional wirbt die Unternehmer-

gattin Ann-Kathrin Bauknecht ebenfalls für Merkel. Brigitte von Boch von Villeroy & Boch hat die CDU-Chefin öfter zu einem zwanglosen Treffen von Künstlern und Industriellen eingeladen. In Frankfurt am Main trommelte eine Wählerinnen-Initiative für die Kandidatin; mit dabei die Rechtsanwältin Kristina Gräfin Pilati, unbeeinflusst von ihrem Ehemann, dem Ex-SPD-Chef Rudolf Scharping. Ähnliche Dienste leistet in Berlin die Vereinigung »Victress«, die mittlerweile schwarze T-Shirts mit der goldenen Aufschrift »Wir sind Kanzlerin« verkauft.

Egal, ob eher links oder rechts positioniert, alle diese mächtigen Frauen einte der Wille, endlich eine Frau an die Macht zu bringen, und die Freude darüber, es geschafft zu haben. Sie haben längst erkannt und von den Männern gelernt, dass dies ohne eigene Seilschaften nicht geht. Angela Merkel ist ihre hochkarätig besetzte Unterstützerinnen-Gruppe sehr willkommen und sie pflegt sie. Den Vergleich mit Maggie Thatcher scheut Merkel aber wie die Katze das Wasser. Die eiserne Lady aus Großbritannien hat mit ihren Sozialreformen in den Achtzigerjahren Straßenschlachten in London provoziert.

> »Sie vertritt gerade nicht wie Maggie Thatcher, das Motto: Nur über meine Leiche. Wenn Sie sich die Verhandlungen über den EU-Haushalt ansehen, hat sie genau das Gegenteil getan: Sie hat ganz geschickt vermittelt und das ist eine Fähigkeit, die wir heute gerade in der internationalen Politik von Frauen und Männern brauchen.«
> Rita Süssmuth

Als Vorbild ist sie Merkel viel zu unpopulär. Die Bundeskanzlerin sagt immer wieder, sie habe keine Vorbilder: »Ich bin ich«. Und: »Frauen müssen sich alleine auf den Weg machen.« So wie sie.

- Reagiere mit Witz auf leidige Themen.
- Passe dich den Erwartungen an, wenn es unbedingt sein muss.
- Nimm Unterstützung auch vom vermeintlichen politischen Gegner an.
- Unterschätzt werden ist auch ganz nützlich.

Vertraue deinem Killerinstinkt und lerne schneller als die anderen:
Fallbeispiel Friedrich Merz

Weihnachtsfeiern sind selten der geeignete Ort, um den Partner fürs Leben zu finden. Trotzdem umweht gerade Weihnachtsfeiern stets die Aura knisternder Kerzen und ebensolcher Erotik. Die heimelige Glühwein-Atmosphäre kurz vor dem christlichen Familienfest scheint wie geschaffen, einsamen Singles zu manch erotischem Abenteuer zu verhelfen.

Doch zumeist bleibt es bei Abenteuern. Der Bund fürs Leben wird auf Weihnachtsfeiern eher selten geschlossen. Kollegen, die sich auf firmeninternen Weihnachtsfeiern näherkommen, pflegen später oftmals einen seltsam distanzierten Umgang miteinander.

Auf der Weihnachtsfeier der CDU/CSU-Bundestagsfraktion in der Bad Godesberger Stadthalle findet 1998 so ein Pärchen zusammen, dessen politische Liebelei innerhalb der nächsten Jahre in offene Gegnerschaft und Feindseligkeit umschlägt: Friedrich Merz und Angela Merkel. Bis spät in die Nacht sitzen der Katholik aus dem Sauerland und die Protestantin aus der Uckermark zusammen. Am Ende der Weihnachtsfeier ist man sich so sympathisch geworden, dass man beschließt, sich zu duzen. Ein politisches Traumpaar könnte in dieser Nacht zusammengefunden haben.

Doch wie bei so vielen anderen Amouren, die auf Weihnachtsfeiern ihren Anfang nehmen, geht auch die Harmonie zwischen Friedrich Merz und der gut ein Jahr älteren Angela Merkel bereits nach kurzer Zeit flöten. Sie endet 2004 in einem Scherbenhaufen, den Friedrich Merz am 12. Oktober mit seiner Ankündigung, alle seine Partei- und Fraktionsämter niederzulegen, öffentlich macht. Für ihn hat sich die hoffnungsvolle politische Liebelei aus dem Jahr 1998 zum Alptraum entwickelt. Statt seine Parteikarriere zu befördern, hat sie sie vorerst beendet.

Übe dich in Geduld: Bleibe hartnäckig und warte, bis deine Chance gekommen ist

In den Reihen der CDU/CSU-Fraktion wird Friedrich Merz spätestens nach der verlorenen Bundestagswahl im September 1998 als Hoffnungsträger für die Zukunft gehandelt. Seit er vier Jahre zuvor das Direktmandat für den Bundestag im Hochsauerland holte, hat sich Merz zum unverzichtbaren Steuerexperten der Union entwickelt. Der CDU-Partei-Vize Christian Wulff urteilt über Friedrich Merz: »Mit Friedrich Merz wird ökonomische Kompetenz verbunden, denn den Bürgern ist wichtig, dass Politiker vorangehen, die ein Gesamtkonzept haben … Deswegen ist Friedrich Merz unentbehrlich in der Spitzenmannschaft der Union.« Merz gehört zu einem Politikertypus, der in der CDU rar gesät ist: Er ist redegewandt, ehrgeizig, medientauglich, jung – und er hat Ahnung. Vor allem von finanzpolitischen Zusammenhängen. Er bekennt sich zum konservativen Wertekosmos, hat aber die Bedürfnisse und den Kontakt zur Jugend noch nicht ganz aus den Augen verloren.

Während sich die »Jungen Wilden« der Union in muffigen Siebzigerjahre-Seilschaften gegenseitig den Weg nach oben sichern, verlässt sich Merz allein auf sich und seinen unbedingten Machtwillen. Er ist ein politischer Einzelgänger, dessen Selbstbewusstsein kaum Grenzen kennt: Er traut sich alles zu. Gefährten auf seinem Weg an die Spitze erscheinen ihm eher hinderlich als förderlich zu sein. Dennoch verkennt der groß gewachsene Jurist die innerparteilichen Strukturen der Union nicht. Ihm ist klar, dass er in einem hierarchischen System Förderer braucht, die ihm den Weg nach oben ebnen. Einer dieser Förderer ist Wolfgang Schäuble. Der Partei- und Fraktionschef Schäuble wählt Merz im Oktober 1998 mit Bedacht zu seinem Stellvertreter in der Bundestagsfraktion. Der eloquente Merz soll bei der so genannten neuen Mitte, die sich beim Kreuzchenmachen in der Wahlkabine weniger an Parteiprogrammen als an Personen orientiert, Wählerstimmen abgreifen.

Auch von seiner Weihnachtsfeier-Bekanntschaft Angela Merkel erwartet Merz politische Förderung. Er ist überzeugt von den Fähigkeiten der Ostdeutschen, die noch immer

> » Mit Friedrich Merz wird ökonomische Kompetenz verbunden, denn den Bürgern ist wichtig, dass Politiker vorangehen, die ein Gesamtkonzept haben ... Deswegen ist Friedrich Merz unentbehrlich in der Spitzenmannschaft der Union.«
>
> Christian Wulff

wie ein Fremdkörper in der zutiefst westdeutschen Partei wirkt. Die Ex-Ministerin und frische Generalsekretärin soll ihm als Steigbügelhalterin auf seinem Weg an die politische Pole-Position dienen. Doch Merz verkalkuliert sich bei seinem ehrgeizigen Plan gewaltig. Wie fast alle seiner Kollegen unterschätzt er den unbedingten Machtwillen Merkels, der selten offen und direkt zutage tritt. Hätte er doch mehr auf ihre Gemeinsamkeiten geachtet: In schwierigen Situationen verlassen sich beide eigentlich allein auf ihre eigenen Fähigkeiten.

Merz und Merkel an der Spitze der CDU

Beinahe synchron geraten die beiden CDU-Hoffnungsträger nach dem Spendenskandal 1999/2000 in die wichtigsten Ämter, welche die Partei zu vergeben hat. Ende Februar 2000 wird Friedrich Merz Nachfolger des scheidenden Wolfgang Schäuble als Fraktionsvorsitzender. Wenig später übernimmt Angela Merkel den Parteivorsitz von Schäuble. Das erste Mal in der Geschichte der CDU ist damit eine Frau an der Spitze der konservativen Volkspartei.

Doch etwas anderes erweist sich als noch entscheidender: Das erste Mal in der Geschichte der CDU sind die beiden Ämter, Parteivorsitz und Fraktionsvorsitz, in einer Oppositionsphase der Partei voneinander getrennt. Die Macht soll auf die Schultern zweier verteilt werden.

Wie die Anden-Amigos Christian Wulff und Roland Koch sieht Merz in der neuen Parteivorsitzenden Angela Merkel nur eine Übergangslösung. Obwohl er ihre politischen Qualitäten schätzt, glaubt er nicht, dass sie dem Druck an der Unionsspitze auf Dauer gewachsen ist. Dennoch ist ihm kein anderer lieber auf dem Chefsessel der Partei als die ostdeutsche Duz-Freundin. Von Merkel befürchtet er keine Konkurrenz auf seinem Weg nach oben. Sein unerschütterliches Selbstvertrauen flüstert ihm zu, dass nur er der zukünftige Lenker von Partei und Staat sein kann. Die Voraussetzungen dafür sind nicht die schlechtesten. Nach dem unfreiwilligen Abtreten Schäubles scheint Merz den besseren Job abbekommen zu haben. Als Fraktionsvorsitzender bespielt er eine öffentliche Bühne, er kann sich präsentieren und profilieren, dem politischen Gegner die Zähne zeigen und potenzielle Wähler für sich gewinnen. Mit markigen Worten verschafft er sich Gehör: »Konsens ist die Diktatur der Minderheit.«

> »Konsens ist die Diktatur der Minderheit.«
> Friedrich Merz

Konkurrenten um die Kanzlerkandidatur

Angela Merkel kann als Parteivorsitzende weitaus weniger Einfluss auf das politische Tagesgeschäft nehmen. Ihre Gelegenheiten, sich einzumischen und eigene Konturen zu zeigen, sind vergleichsweise gering. Sie muss den nach der Spendenaffäre schwer angeschlagenen Parteidampfer durch eine stürmische See manövrieren, während Fried-

Vertraue deinem Killerinstinkt und lerne schneller als die anderen

rich Merz im beweglicheren Beiboot daneben schippert. Merkel wurde mit überwältigender Mehrheit zur neuen Parteivorsitzenden gewählt. Doch sie ist eine Parteichefin ohne Macht, eine Königin ohne Land. »In der Opposition ist der Kuchen an Macht und Öffentlichkeit begrenzt«, lautet eine Maxime der parlamentarischen Demokratie. Schwer vorstellbar, dass auf Dauer zwei davon satt werden können. Natürlich will Friedrich Merz den ganzen Kuchen. Das wird schon sehr bald nach seiner Inthronisierung als Fraktionsvorsitzender deutlich.

Bereits in den ersten hundert Tagen seiner Amtszeit fordert Merz, den Kanzlerkandidaten der CDU/CSU für die Bundestagswahl im Jahr 2002 durch eine Urabstimmung aller Parteimitglieder zu ermitteln. Merz macht damit erstmals seine Absicht, als Kanzlerkandidat für die Union in den Wahlkampf zu ziehen, öffentlich. Für ihn steht außer Frage, dass eine Urabstimmung unter den Parteimitgliedern nur ein Ergebnis in der Kandidatenfrage haben kann: ihn selbst – Friedrich Merz. Nur zu gerne glaubt er all das, was er in Zeitungen und Zeitschriften über sich lesen kann: »Der fortschrittlichste Politiker Deutschlands«, »Vordenker der CDU«, »genialer Visionär«. Die Attribute und Superlative klingen, als hätte Merz sie den Journalisten selbst in den Laptop diktiert. Seinen forschen Vorstoß in Richtung Kanzleramt untermauert er mit dem Bekenntnis, jedes Thema nützen zu wollen, »das sich eignet, einen erfolgreichen Wahlkampf zu führen«. Gemeint ist damit selbstverständlich ein Wahlkampf mit einem Kandidaten Friedrich Merz an vorderster Front.

Eigentlich soll Merz das traditionell konservative Stammklientel der Union binden und neue Wähler aus der neuen Mitte mobilisieren. Doch der eigensinnige Fraktionsvorsitzende hat noch ganz andere Wählerschichten im Blickfeld. Merz steigt auf seinen Rhetorik-Bulldozer und versucht,

Lerne aus den Fehlern deines Gegners

auch am rechten Rand Anhänger zusammenzuschieben. Die Schlagworte dafür heißen »Ausländer«, »Einwanderung« und »deutsche Leitkultur«. Allerdings ist die Wirkung dieses populistischen Wahlkampfs in eigener Sache verheerend. Die Öffentlichkeit reagiert entsetzt auf die Anbiederungsversuche des CDU-Mannes an rechte Positionen. Merz wird von seinen eigenen Fraktionskollegen gerüffelt und gemaßregelt. Zum ersten Mal ruft auch Angela Merkel ihren Weihnachtsfeier-Duz-Freund zur Ordnung. Sie hält es für einen schweren Fehler, bereits zwei Jahre vor der Bundestagswahl eine Strategie festzulegen. Den meisten unparteiischen Beobachtern ist bereits zu diesem Zeitpunkt – im Herbst 2000 – klar, dass Angela Merkel die Stärkere im neuen Führungs-Duo der CDU ist. Den vermeintlichen Nachteil ihres profilschwachen Jobs macht sie durch zwei unschätzbare Eigenschaften mehr als wett: Sie hat Instinkt und Ausdauer. Friedrich Merz will mit aller Macht ins Kanzleramt. Doch während er sich dabei nur fortwährend die Zähne ausbeißt, knabbert sich Angela Merkel am Hintereingang hartnäckig durch den Zaun.

Lerne aus den Fehlern deines Gegners, und nutze die Profilierungssucht deines Konkurrenten

Zwischen den beiden so hoffnungsvoll gestarteten Führungskräften der Union entbrennt binnen kürzester Zeit ein erbitterter Machtkampf um die Führungsposition in der Partei. Friedrich Merz will Häuptling

> »Ich wirke oft zu ernst und zu hart.«
> Friedrich Merz

sein. Doch Angela Merkel weigert sich, die undankbare Rolle der dienstbaren Squaw zu spielen. Zumindest in der

Vertraue deinem Killerinstinkt und lerne schneller als die anderen

Öffentlichkeit wird das Grollen in der Berliner CDU-Parteizentrale so gedeutet. In Wirklichkeit unternimmt Angela Merkel zunächst relativ wenig gegen die profilierungssüchtigen Vorstöße des Fraktionsvorsitzenden. Sie sieht zu, lässt ihn gewähren und lernt daraus, wie man es nicht machen sollte, wenn man einmal Kanzler werden möchte. Das mediale Vorbild Gerhard Schröder nährt bei Friedrich Merz die verführerische Illusion, dass allein mit lautstarken Fernsehauftritten der Platz an der Sonne zu erobern sei. »Ich wirke oft zu hart und zu ernst«, übt sich Friedrich Merz in Selbstkritik und versucht eine Änderung seines Bildes in der Öffentlichkeit herbeizuführen. In Dutzenden von Talkshows und Diskussionsrunden taucht der schlaksige, ehemalige Amtsrichter plötzlich auf und verklärt mitunter seine spießbürgerliche Jugend im beschaulichen Brilon zur wilden Rebellen-Zeit. In der *Johannes B. Kerner-Show* berichtet der CDU-Fraktionsvorsitzende schmunzelnd von wilden Verfolgungsjagden, die er sich früher in seinem Heimatort mit der Polizei geliefert habe. Er sei auf einem »Weltkriegsmotorrad ohne Nummernschild« gerast, die uniformierten Ordnungshüter immer hinter ihm her. Geschnappt hätten sie ihn allerdings nie. Von schulterlangen Haaren, Kampftrinken auf dem Marktplatz, glimmenden Zigaretten und scheppernder Rockmusik erzählt Merz in der Sendung augenzwinkernd.
»Warum tut er das?«, fragen sich anschließend nicht nur seine Fraktionskollegen, sondern alle Zuschauer der Talkshow. Wahrscheinlich glaubt er, durch die rebellische Einfärbung seiner Kleinstadtjugend Sympathien beim jungen Wahlvolk vor den Fernsehgeräten erringen zu können. Von Gerhard Schröder weiß man schließlich auch allerhand Privates. Dass er auf dem Fußballplatz »Acker« genannt wurde, schon früh bei Frauen gut ankam und später an den Gitterstäben des Bonner Kanzleramtes gerüttelt ha-

ben soll. Friedrich Merz will auch solche Geschichten erzählen. Nur fragt ihn keiner. Deshalb muss er sie ungefragt berichten. Die Sache wird mehr als peinlich, als sich ehemalige Schulfreunde aus Brilon melden und die Revoluzzer-Anekdoten ins Reich Merzscher Fantasie verbannen. Der Fraktionsvorsitzende merkt nicht, wie sehr er sich und seiner politischen Karriere mit seinen profilneurotischen Pubertätsmärchen geschadet hat.

Die Parteichefin Angela Merkel merkt das sehr wohl. Sie ist klug genug, auf ähnliche Anbiederungsversuche in den Medien zu verzichten. Sie kennt ihre Grenzen, Merz kennt seine nicht. Er will Gerhard Schröder in dessen Lieblingsdisziplin, dem langjährig geübten und exzellent beherrschten Spiel mit den Medien, Konkurrenz machen und überschätzt dabei sich und seine Fähigkeiten grandios. »Wer in guten Zeiten bei Thomas Gottschalk sitzt, findet sich in schlechten Zeiten bei Harald Schmidt wieder«, klärt Merz den SPD-Kanzler im Plenum des Bundestages auf. Doch Schröder braucht die Belehrungen des CDU-Fraktionsvorsitzenden nicht. Er genießt nicht umsonst den Ruf des »Medienkanzlers«. Angela Merkel weiß das. Sie wird Schröder auf seinem Spezialgebiet auch später keine Konkurrenz machen wollen. Einen Kampf, den sie verlieren könnte, beginnt sie erst gar nicht. Sie wird dem SPD-Kanzler mit anderen Mitteln beikommen.

Als selbst Fraktionskollegen nach den unbekümmerten Talkshow-Auftritten von ihrem Parlaments-Chef abrücken, ahnt der strauchelnde Friedrich Merz, dass die Machtverhältnisse gefährlich zu Gunsten Angela Merkels zu kippen drohen. Die Luft wird zusehends dünner für ihn. Mit ver-

> »Wer in guten Zeiten bei Thomas Gottschalk sitzt, findet sich in schlechten Zeiten bei Harald Schmidt wieder.«
> Friedrich Merz

zweifelter Angriffslust nutzt er die erstbeste Gelegenheit, um der Parteichefin zu schaden und verloren gegangenes Terrain zurückzuerobern.

Diese Gelegenheit bietet sich ihm am 23. Januar 2001. An diesem Tag stellt der CDU-Generalsekretär Laurenz Meyer das neueste Wahlkampfplakat der Union vor. Es zeigt Bundeskanzler Gerhard Schröder in Verbrechermanier und unterstellt ihm »Rentenbetrug in Serie«. Nicht nur die SPD, Grüne und FDP, auch weite Teile der CDU/CSU empfinden das Plakat als peinliche Geschmacklosigkeit. Angela Merkel wird später zugeben, dass es ihr »größter Fehler« als Parteivorsitzende war, das Plakat »durchgehen zu lassen«.

> »Nur wer sich ändert, wird bestehen.«
> Friedrich Merz

Friedrich Merz aber lässt sich die Chance nicht entgehen, diesen Fehler zu brandmarken und für sich zu nutzen. Nachdem das umstrittene Wahlkampfmittel gleich am nächsten Tag zurückgezogen und eingestampft wurde, äußert Merz zunächst nur maßvolle Kritik am Urheber Laurenz Meyer: »Hier ist er etwas über das Ziel hinausgeschossen«, bemerkt der Fraktionsvorsitzende lapidar. Über die Verantwortung Angela Merkels verliert er kein Wort. Doch sein Schweigen verspricht keinen Schutz. Der Keulenschlag folgt nur wenig später. Merz nutzt den Fehler der Parteichefin, um sich erneut als Kanzlerkandidat ins Spiel zu bringen.

Das Plakat-Desaster legt er als Führungsschwäche Merkels aus. Wieder greift er auf die alte Kausalkette mit den Schlüsselworten »Frau – Osten – Protestantin« und der Schlussfolgerung »Die kann das eben nicht« zurück; Größeres kann sie dann schon gar nicht. Seinen Wahlspruch »Nur wer sich ändert, wird bestehen« billigt er Merkel nicht zu.

Beweise Ausdauer

Merkel teilt Merz daraufhin mit, dass die Bundestagsfraktion und somit auch der Fraktionsvorsitzende eine »dienende Funktion« haben. Merz kontert, dass die Fraktion bestenfalls als »Kompetenzteam für eine personell ausgeblutete Partei dienen« werde. Ein derartiger Riss ist selten durch die Spitze einer deutschen Partei gegangen. Das bedeutet Kampfansage auf beiden Seiten. Das Duell zwischen den beiden Führungskräften der Union ist endgültig eröffnet, die Waffen sind gewählt, die Klingen schon gekreuzt.

Beweise Ausdauer: Ordne deinen Machtwillen den Maximen der Vernunft unter!

Die finanzpolitischen Qualitäten des Fraktionschefs erweisen sich urplötzlich als strategisches Manko. Merz wird als versierter Steuerpolitiker gehandelt. Im Gegensatz zur besonnen agierenden Parteivorsitzenden traut man ihm in anderen politischen Sachfragen keine Kompetenz zu. Doch Merz verschließt die Augen vor den Realitäten. Noch immer glaubt er an seine Chance, im September 2002 gegen Gerhard Schröder antreten zu können. Es sind nur noch wenige, die diesen Glauben mit ihm teilen. Längst steht fest, dass die so genannte »K-Frage« zwischen den beiden CDU/CSU-Vorsitzenden, Angela Merkel und Edmund Stoiber, entschieden wird. Merz will es nicht wahrhaben und kann nicht auf seine Chance warten. Ausdauer und Geduld gehören nicht zu seinen hervorstechenden Charaktereigenschaften. Er kämpft von nun an leidenschaftlich gegen eine Kandidatur Merkels. Doch im Gegensatz zu den Andenbrüdern Christian Wulff und Roland Koch, die sich bewusst für Edmund Stoiber stark machen,

Vertraue deinem Killerinstinkt und lerne schneller als die anderen

um nach ein oder zwei Legislaturperioden selbst ins Kanzleramt einziehen zu können, tut Merz nichts für den CSU-Vorsitzenden. So lange wie Wulff und Koch kann und will der Sauerländer nicht warten. Er träumt davon, der lachende Dritte im Kandidatenkampf der beiden Unions-Vorsitzenden zu sein. Doch sein neuerlicher Versuch, sich als zukünftiger Kanzler ins Gespräch zu bringen, wird kaum mehr ernst genommen. Sein übersteigerter Machthunger droht, den mit Vorschusslorbeeren gestarteten Fraktionsvorsitzenden zur lächerlichen Figur zu machen, er wird zunehmend zum Stolperstein für seine politische Karriere.

Wie man den eigenen Machtwillen nach den Maximen der Vernunft zügeln kann, um vorwärts zu kommen, zeigt ihm Angela Merkel im Januar 2002 mit dem berühmten Frühstück bei Edmund Stoiber in Wolfratshausen. Indem sie dem CSU-Vorsitzenden die Kanzlerkandidatur gleichsam auf dem goldenen Tablett serviert, sichert sie ihre eigene Kandidatur für die Zukunft unumkehrbar ab. Friedrich Merz ist inzwischen felsenfest davon überzeugt, dass in Wolfratshausen ein Kompensationsgeschäft stattgefunden hat. Er glaubt, Angela Merkel habe nur auf die Kanzlerkandidatur verzichtet, nachdem Stoiber ihr zugesichert habe, dass sie nach der Wahl im September 2002 den Fraktionsvorsitz von Friedrich Merz übernehmen dürfe. Eine Unions-Fraktionsvorsitzende von Edmund Stoibers Gnaden – so stellt sich der gescheiterte Kanzlerkandidat Friedrich Merz den Handel vor.

Wieder einmal unterschätzt er Merkel. Natürlich will die Parteichefin den Fraktionsvorsitz von Merz. Die Doppel-

> »Zielstrebig und machtbewusst. Die hat von Kohl über Schäuble bis Merz immerhin die halbe CDU-Führungsriege hingemeuchelt. So eine brauchen wir!«
> Basilius Streithofen

spitze hat sich nicht bewährt. Sie war von Anfang an ein Konstruktionsfehler, den Merkel nicht verhindern konnte. Nach der Spendenaffäre 1999/2000 gab es keine Alternative. Doch Kompensationsgeschäfte mit Edmund Stoiber hat die Parteivorsitzende nicht nötig. Ihre Methode ist subtiler. »Zielstrebig und machtbewusst. Die hat von Kohl über Schäuble bis Merz immerhin die halbe CDU-Führungsriege hingemeuchelt. So eine brauchen wir!«, wird der Bonner Dominikanerpater Basilius Streithofen, ehemaliger »politischer Beichtvater« der Bonner CDU-Granden, später über Merkel urteilen.

Ziehe deine Truppen rechtzeitig zusammen, und versetze den Todesstoß im richtigen Moment

Bereits im Frühjahr 2002 bereitet Angela Merkel den Sturz ihres zum unliebsamen Konkurrenten mutierten Weihnachtsfeier-Freundes vor. Ihre Waffe ist das von ihr viel und gerne benutzte Telefon. Im Frühjahr 2002 telefoniert sie besonders häufig. Rund ein Drittel der altgedienten Unions-Abgeordneten wird im September aus dem Parlament ausscheiden. Und 118 CDU-Kandidaten bemühen sich bei der im Herbst anstehenden Wahl zum ersten Mal um den Einzug in den Bundestag. Vor allem sie sind es, die Friedrich Merz lange Zeit als ihren Hoffnungsträger betrachtet und ihm über alle Peinlichkeiten hinweg die Treue gehalten haben. Doch bei den potenziellen Nachrückern klingelt im Frühjahr 2002 vermehrt das Telefon. Die Parteichefin persönlich ist am anderen Ende der Leitung. Im kurzen Plausch erkundigt sie sich nach den politischen Fachgebieten der Kandidaten, klärt regionale Wahlkampfstrategien ab und verteilt Nettigkeiten.

Die mütterliche Fürsorge, mit der sich Angela Merkel um die potenziellen Neu-Abgeordneten kümmert, ist ein Novum in der Union. So viel persönliches Engagement in den Niederungen der Partei hat bisher noch kein CDU-Vorsitzender gezeigt. »Mich hat Helmut Kohl seinerzeit nicht angerufen«, grummelt der Unions-Abgeordnete Volker Kauder beinahe ein wenig neidisch. Die freundlich-einnehmende Telefon-Offensive imponiert dem Generalsekretär der CDU in Baden-Württemberg. Spätestens von diesem Zeitpunkt an gehört Kauder zur loyalen Unterstützertruppe Merkels. Seine uneigennützige Ergebenheit gegenüber der Parteichefin wird ihm später reich gelohnt werden. Angela Merkel macht ihn nach dem Rücktritt Laurenz Meyers zunächst zum Generalsekretär der Bundes-CDU. Nach ihrer Wahl zur Bundeskanzlerin 2005 wird Kauder gar neuer Fraktionsvorsitzender der Union. Er bildet kein Gegengewicht zu Merkel wie zuvor Merz. Kauder strebt nicht nach Macht, sondern ordnet sich unter. Er erteilt keine Befehle, sondern befolgt sie. Der Mann, dessen Kindheitstraum es war, Zirkusdirektor zu werden, wirkt in der politischen Manege bisweilen wie ein dressierter Bär, der nach der Pfeife seiner Dompteuse tanzt.

Im Frühjahr 2002 ist Kauder nicht der Einzige, bei dem Angela Merkel mit ihrer emsigen Einzelbehandlung Sympathiepunkte sammelt. Die meisten der potenziellen 118 Fraktionsnovizen verbuchen die Anrufe als nette Geste. Weit vorausschauend schart Angela Merkel per Telefon ihre Truppen um sich, um in einer möglichen Kampfabstimmung nach der Bundestagswahl den Fraktionsvorsitzenden Friedrich Merz von seinem Stuhl zu verdrängen. »Wenn Merkel die Neuen und die Frauen auf ihre Seite bringt, wird es eng«, orakelt ein Merz-Vertrauter. Er hat Recht. Bereits in der Wahlnacht des 22. September 2002 macht Angela Merkel ihren Anspruch auf den Fraktionsvorsitz deutlich. Mit Wahlverlierer Edmund Stoiber und Friedrich Merz zieht sie sich in ein Zimmer des Konrad-Adenauer-Hauses zurück. Zu diesem Zeitpunkt hat Merz den Machtkampf bereits verloren. Auch der angeschlagene CSU-Vorsitzende Edmund Stoiber spricht sich für Merkel als neue Fraktionsvorsitzende aus. Merz interpretiert von nun an beider Verhalten als Komplott, das bereits während des Frühstücks in Wolfratshausen gegen ihn geschmiedet worden sei. In der CDU-Präsidiumssitzung am folgenden Tag versucht der hessische Ministerpräsident Roland Koch, dem abgeschossenen Fraktionsvorsitzenden mit dem extra neu geschaffenen Posten des »Ersten Stellvertretenden Fraktionsvorsitzenden« den Abgang ein wenig zu erleichtern. Doch Merz lehnt beleidigt ab.

Es zieht sich wie ein roter Faden durch Angela Merkels politische Karriere, dass parteiinterne Konkurrenten eine Niederlage gegen die Physikerin zumeist als persönliche Beleidigung erfahren. Aber sogar in der Niederlage unterschätzen sie Merkel weiter. Merz konstruiert eine Verschwörungstheorie mit Edmund Stoiber, um seinen Sturz zu begreifen und zu begründen. Dass ihn seine einstige Weihnachtsfeier-Freundin, die er sich selbst als Steigbügelhalterin auf dem Weg nach oben auserkoren hatte, ganz alleine aus dem Weg geräumt haben könnte, will er nicht wahrhaben. Das ginge gegen seine Ehre.

Handle kontrolliert und ohne Emotionen! Nutze das Wissen deiner Gegner

Ganz kann Merz dann aber doch nicht von der großen Politik lassen. Nach gutem Zureden rückt er als Merkels Stellvertreter wieder ins Parlament ein. Ein schwierigerer, feindseliger Stellvertreter ist für die neue Fraktionsvorsitzende kaum vorstellbar. Doch sie ist sich dessen bewusst und kann damit umgehen. Als Finanz- und Steuerexperte ist Friedrich Merz noch immer ein wichtiger Mann in der Union. Angela Merkel hat das Talent, persönliche Differenzen auszublenden, wenn der Sachverstand eines Gegners oder Konkurrenten auch ihrem eigenen Weiterkommen dienlich ist. Handle kontrolliert und ohne Emotionen! Nutze das Wissen deiner Gegner! Angela Merkel agiert nach diesen Leitsätzen, während Friedrich Merz über seine fehlende Selbstkontrolle stolpert.

Im Bundestag gibt der Ex-Fraktionschef weiter den rhetorisch brillanten Redner. Für seine Partei erarbeitet er das Konzept für eine Steuerreform, die jedem Bürger ermöglichen soll, seine Steuererklärung zukünftig auf einem Bierdeckel zu erstellen. Doch als auch dieser visionäre Vorstoß nicht den notwendigen Applaus findet, hat Merz die Nase voll. Am 12. Oktober 2004 schreibt er der Partei- und Fraktionsvorsitzenden einen Brief: »Sehr geehrte Frau Vorsitzende, liebe Angela, wie ich Dir in unserem heutigen Gespräch erläutert habe, habe ich mich nach reiflicher Überlegung entschieden, auf dem Bundesparteitag der CDU im Dezember in Düsseldorf nicht wieder für das Präsidium der Partei zu kandidieren. Mein Amt als stellvertretender Vorsitzender der CDU/CSU-Bundestagsfraktion werde ich zum Jahresende niederlegen .... Mit freundlichen Grüßen, Dein Friedrich Merz«. Die Weihnachtsfeier-Liaison aus dem Jahr 1998 scheint damit endgültig und unwiderruflich zerbrochen. »Der stellvertretende Lotse geht verzweifelt von Bord«, kommentiert der Grünen-Vorsitzende Reinhard Bütikofer den Rückzug von Merz süffisant.

> »Der stellvertretende Lotse geht verzweifelt von Bord.«
> Reinhard Bütikofer

Das verflixte siebte Jahr: Behalte rachsüchtige Ex-Liebhaber im Auge!

Doch wer einmal ganz nach oben wollte, kann es eben nicht ganz lassen. Als Gerhard Schröder im Mai 2005 nach der verheerenden Wahlniederlage der SPD in Nordrhein-Westfalen vorgezogene Neuwahlen für den September ankündigt, wird Friedrich Merz wieder hellhörig. Es tut sich etwas. Bis ins Jahr 2006 hätte er sich nicht gedulden können. Doch der Wahltermin im September 2005 kommt ihm entgegen. Er kandidiert wieder für seine Partei im Hochsauerland und holt das Direktmandat mit über 57 Prozent der Stimmen. »Der Mann mit dem Bierdeckel ist wieder da«, berichtet die *Financial Times Deutschland*. Den anschließenden Koalitions-Hickhack zwischen SPD und CDU verfolgt Merz mit genüsslicher Befriedigung. Für das miserable Wahlergebnis der Union macht er die neue Kanzlerin verantwortlich. Merz argumentiert, dass die Union bundesweit immerhin rund 40 Prozent der Erststimmen für sich verbuchen konnte, während sie nur 35 Prozent der Zweitstimmen errang. Die Differenz betrachtet der Sauerländer süffisant als klares Wählervotum gegen die Spitzenkandidatin und ihr unfähiges Kompetenzteam. Und auch für die zwischen Angela Merkel und Franz Müntefering ausgehandelte große Koalition findet Merz nur wenig schmeichelhafte Worte: »Wenn abzusehen ist, dass der neuen Regierung die Lösung des Beschäftigungsproblems nicht bald gelingt, dann sollte man ihr schon am Anfang ein schnelles Ende wünschen. Alles andere kostet nur noch mehr Zeit.«

> »Wenn abzusehen ist, dass der neuen Regierung die Lösung des Beschäftigungsproblems nicht bald gelingt, dann sollte man ihr schon am Anfang ein schnelles Ende wünschen. Alles andere kostet nur noch mehr Zeit.«
> Friedrich Merz

Über seine Motive für diese parteischädigenden Aussagen lässt sich nur spekulieren. Die Niederlagen, die ihm Merkel in der Vergangenheit beigebracht hat, haben sicher an ihm gezehrt. Der Rachegedanke ist vermutlich ein Grund. Doch vielleicht träumt Friedrich Merz auch schon wieder vom Platz an der Sonne. Vielleicht hofft er auf ein frühzeitiges Scheitern der Koalition. Das, so glaubt er möglicherweise, könnte ihm eine neue Chance auf das Kanzleramt bescheren. Doch die hierarchischen Strukturen in der Partei haben sich auch unter der Parteivorsitzenden Merkel nicht geändert. Friedrich Merz braucht Unterstützer. Die hofft er bei den Andenfreunden Roland Koch und Christian Wulff zu finden. In deren altgediente Amigo-Seilschaft, die als eherner Hort erwiesener Merkel-Gegner bekannt ist, tritt Merz bereits kurz nach der Bundestagswahl im September 2005 ein. Den Fehler, Merkel als Steigbügelhalterin auf seinem Weg nach oben benutzen zu wollen, wird er kein zweites Mal machen. Auf der Weihnachtsfeier der CDU-Bundestagsfraktion im Dezember 2005 wird er jedenfalls nicht mehr wie noch 1998 bis spät in die Nacht mit der neuen Kanzlerin beisammensitzen. Im verflixten siebten Jahr hat sich einiges geändert.

- Übe dich in Geduld, und halte länger durch als deine Konkurrenten.
- Nutze die Profilierungssucht deines Konkurrenten, um ihn loszuwerden.
- Suche dir Verbündete ohne eigene Ambitionen!

Zeige Durchsetzungsstärke, wenn es dir wichtig ist:

Fallbeispiel Horst Köhler

Zeige Durchsetzungsstärke, wenn es dir wichtig ist

Horst wer?« titelt *BILD* am 5. März 2004. Selten zuvor hat das Hamburger Boulevardblatt richtiger gefragt. Nach einer vom *Stern* in Auftrag gegebenen Forsa-Umfrage kennen gerade einmal 20 Prozent aller Deutschen den Mann, der von Angela Merkel ins Rennen um das Amt des Bundespräsidenten geschickt wird. Lediglich 34 Prozent der Befragten trauen Merkels Wunschkandidaten die Nachfolge des frommen SPD-Mannes Johannes Rau zu. Keine besonders beeindruckende Zahl, deren Wert noch dadurch gemindert wird, dass mindestens 14 Prozent der Befragten Vertrauen in einen Mann setzen, den sie gar nicht kennen. Vielleicht liegt es an der viel bemühten Politikverdrossenheit, dass es den Deutschen schlicht egal ist, wer das höchste Amt in ihrem Staat innehat. Vielleicht liegt es aber auch an dem unübersichtlichen Intrigen- und Ränkespiel um die Nominierung des unbekannten Kandidaten, das den Befragten die Lust am differenzierten Antworten nahm.

Ein taktisches Meisterstück

Die Nominierung Horst Köhlers zum gemeinsamen CDU/CSU- und FDP-Bundespräsidentschaftskandidaten im März 2004 ist weniger der Sieg eines unbekannten Politik-Quereinsteigers als ein taktisches Meisterstück der Unions-Chefin Angela Merkel. Zur »Spielerin der Macht« wird sie anschließend vom Wochenmagazin *Die Zeit* geadelt. Man zollt ihr Respekt für ihren Triumph in einem diffusen Machtpoker, der der Würde des hohen Amtes zeitweilig nicht besonders gut getan hat. Hans-Ulrich Jürges vom *Stern* erkennt nach dem gelungenen Kabinettstück süffisant gar die »Physikerin der Macht« in Merkel: In Anlehnung an ihre Doktorarbeit über »Die Berechnung von Geschwindigkeitskonstanten von Elementarreaktionen am Beispiel einfacher Kohlenwasserstoffe« kreiert Jürges die Merkel-Doktrin von der »Berechnung von Geschwindigkeitskonstanten von Elementarreaktionen am Beispiel einfacher maskuliner Karrierepolitiker«.

Doch auch in der Stunde ihres Erfolges, da sie alle Fähigkeiten des politischen Intrigierens und Strippenziehens bewiesen hat, wird sie von Gegnern und unparteiischen Beobachtern weiterhin unterschätzt. Hieß es früher »Kann die das?«, wenn Angela Merkel sich um ein politisches Amt bemühte, wird die herablassende Frage im März 2004 auf ihren Wunschkandidaten Horst Köhler übertragen: »Kann der das?« Implizit ist gemeint: »Kann das einer, den die ausgesucht hat?«

»Attempto« – suche dir selbstbewusste Unterstützer, die loyal zu dir stehen

Den designierten Bundespräsidenten quält diese Frage kaum. »Attempto – ich wag's!« heißt der Wahlspruch des Mannes, über dessen unerschütterliches Selbstvertrauen sein ehemaliger Chef, Ex-Finanzminister Theo Waigel süffisant berichtet: »Bei der Beurteilung eigener Leistungen ist er durchaus selbstbewusst.« Doch wer ist der Mann eigentlich, den Angela Merkel im Kandidatenpoker um das höchste Staatsamt wie das sprichwörtliche Kaninchen aus dem Hut gezaubert hat?

Bereits Köhlers Herkunft bringt kurz nach der Nominierung selbst angesehene Tageszeitungen in ungeahnte geografische Schwierigkeiten: Horst Köhler wurde am 22. Februar 1943 in Skierbieszów als siebtes von acht Kindern der Eheleute Eduard und Elisabeth Köhler geboren. Seine Eltern waren Bessarabien-Deutsche aus Ryschkanowka im heutigen Moldawien. Nach dem Hitler-Stalin-Pakt im Jahr 1940, der die Einverleibung Bessarabiens durch die Sowjetunion zur Folge hatte, siedelte die Bauernfamilie Köhler ins damalige Generalgouvernement Polen um, wo der kleine Horst geboren wurde. Als die Rote Armee im Januar 1945 immer weiter gen Westen vorrückte, floh die gesamte Familie nach Markkleeberg-Zöbigker bei Leipzig. Doch im Jahr 1953 verließ man die DDR wieder über West-Berlin und ließ sich in Ludwigsburg nieder. Über die Odyssee in seiner frühen Kindheit wird Horst Köhler später sagen: »Ja, in meiner Biografie spiegelt sich ziemlich viel deutsche Geschichte wider.« Ähnlich wie in Angela Merkels Biografie: Trotz der gegensätzlich verlaufenen Wege in und aus der

> »Ja, in meiner Biografie spiegelt sich ziemlich viel deutsche Geschichte wider.«
> Horst Köhler

DDR in frühester Kindheit haben der Kandidat und seine Förderin eines gemeinsam – die Erfahrung des Nichtzugehörigseins, des Andersseins als die Umgebung in ihrer Kindheit.

Von Ludwigsburg aus startet Horst Köhler eine Karriere typisch westdeutschen Zuschnitts. Das Studium der Volkswirtschaftslehre und der Politikwissenschaften im schwäbischen Tübingen absolviert er im Schnelldurchlauf. Anschließend arbeitet er sieben Jahre lang, von 1969 bis 1976, als Referent am Tübinger »Institut für Angewandte Wirtschaftsforschung«. Nebenbei heiratet er und zeugt zwei Kinder. Doch die Karrieremaschine kommt erst richtig in Schwung, als Köhler ins Bundesministerium für Wirtschaft nach Bonn wechselt. Ehrgeizig sitzt er bis zwei Uhr nachts in seinem Büro, um ein Zukunftsinvestitionsprogramm für Kanzler Helmut Schmidt auszuarbeiten. So viel Fleiß kann nicht lange unentdeckt bleiben. Eines Nachts

»Attempto« – suche dir selbstbewusste Unterstützer

steht ein Mann in Köhlers Bürotür. Völlig verblüfft fragt der Abteilungsleiter im Wirtschaftsministerium: »Wer sind Sie denn?« »Horst Köhler. Und Sie?«, antwortet der fleißige Staatsdiener aus Ludwigsburg. »Hans Tietmeyer«, sagt der spätere Präsident der Bundesbank genauso knapp.

Der Karriereturbo ist von diesem Moment an für den emsigen Beamten Horst Köhler gezündet. Mitglied einer Partei wird er allerdings erst 1981. Mit seinem Wechsel in die Staatskanzlei der Landesregierung von Schleswig-Holstein unter Ministerpräsident Gerhard Stoltenberg tritt Köhler in die CDU ein. Eine rein politische Karriere ist dem späteren Bundespräsidenten zu diesem Zeitpunkt mehr als fremd. Er will der Macher im Hintergrund bleiben, einer der etwas bewegen kann, ohne sich dabei medial profilieren zu müssen. Die Kompetenzen und Handlungsspielräume in der Politik erscheinen ihm zu gering, als dass er Freude daran haben könnte, selbst Politiker zu werden. Als Gerhard Stoltenberg in den Achtzigerjahren Finanzminister im Kabinett Helmut Kohl wird, wechselt Köhler gemeinsam mit ihm nach Bonn. 1989 wird er von Gerhard Stoltenbergs Nachfolger im Finanzministerium, Theo Waigel, zum Staatssekretär ernannt. Als Chefunterhändler der Bundesregierung macht sich Köhler 1990 bei der Währungsunion mit der DDR einen Namen. Spätestens zu diesem Zeitpunkt dürfte der fleißige Beamte der stellvertretenden DDR-Regierungssprecherin Angela Merkel erstmals aufgefallen sein.

Später konzipiert Köhler weite Teile des Vertrages von Maastricht. Als Helmut Kohls persönlicher Beauftragter bereitet er die G7-Wirtschaftsgipfel in Houston (1990), London (1991), München (1992) und Tokio (1993) für die Bundesrepublik Deutschland vor. Er ist einer der wenigen, die es wagen, dem Einheitskanzler in diesen Jahren öffentlich und intern die Meinung zu sagen. An Angela Mer-

kel wird so viel Courage eines Einzelnen nicht spurlos vorübergegangen sein. Wofür andere innerparteiliche Kritiker Helmut Kohls bitter abgestraft werden, das verschafft Köhler neue Handlungsspielräume. Immer wenn ein zupackender Wirtschaftsfachmann auf staatlicher Ebene gesucht wird, fällt Köhlers Name.
Erst 1993 gerät seine unermüdliche Arbeitswut aus privaten Gründen ins Stocken. Um seine Tochter, die an einer unheilbaren Augenkrankheit leidet, besser unterstützen zu können, hängt er den arbeitsaufwändigen Job im Finanzministerium an den Nagel und wechselt als Präsident zum Deutschen Sparkassen- und Giroverband. Der neue Job ist mit mehr Geld und weniger Reisen verbunden. Doch das ruhige Leben liegt dem Manager der Macht auf Dauer nicht. 1998 zieht es ihn als Chef der »Europäischen Bank für Wiederaufbau und Entwicklung« nach London. Im Jahr 2000 wird Köhler auf Vorschlag von Bundeskanzler Gerhard Schröder zum Geschäftsführenden Direktor des Internationalen Währungsfonds (IWF) in Washington berufen. Als er am 4. März 2004 zum offiziellen Bundespräsidentschaftskandidaten von CDU/CSU und FDP ernannt wird, lebt er bereits seit sechs Jahren im Ausland. Kaum ein Deutscher kennt ihn noch. Wie gelang es Angela Merkel, ihn im Präsidentschaftspoker durchzusetzen?

Fälle frühzeitig Entscheidungen, doch sprich nicht darüber

Als das Kandidatenkarussell der Union im Herbst 2003 angeschoben wird, ist von Horst Köhler noch keine Rede. Ein halbes Dutzend anderer CDU/CSU- und FDP-Kandidaten werden als heiße Favoriten auf das hohe Amt gehandelt: Der Ex-Ministerpräsident von Thüringen, Bernhard Vogel, die niedersächsische Sozialministerin Ursula von der Leyen, der ehemalige Bundesumweltminister Klaus Töpfer, die Kultusministerin von Baden-Württemberg, Annette Schavan. Selbst der Name Edmund Stoiber fällt. In einer Runde der Parteivorsitzenden von CDU, CSU und FDP wird dem CSU-Chef der angesehene Job offeriert. Doch Stoiber lehnt – wenig überraschend – ab: »Ich bin mit Leib und Seele Ministerpräsident. Ich führe eine große Partei, die drittgrößte in Deutschland. Ich würde die großartige Aufgabe als Parteivorsitzender nie aufgeben«, erklärt er dazu in einem *Spiegel*-Interview vom 23. September 2003.

Dafür steht ein anderer Name auf Stoibers Kandidatenliste ganz weit oben: Wolfgang Schäuble. »Ich schätze seine intellektuelle Kraft. Er hätte den Mut, dem Land, das vor schwerwiegenden Veränderungen steht, Wege zu weisen«, legt sich der CSU-Vorsitzende für den emsigen Parteisoldaten aus der christlichen Schwesterpartei ins Zeug. »Unter den genannten Kandidaten ist Schäuble der beste.« In Schäubles Ohren müssen die Worte des sperrigen Bayern mehr als nur schmeichelhaft klingen. Der ehemalige CDU-Vorsitzende ist der festen Überzeugung, dass ihm das Amt des Bundespräsidenten bestens zu Gesicht stünde, möglicherweise gar moralisch zustehen würde. Er hat in seiner Politiker-Karriere auf einiges verzichtet, sich loyal in den Dienst seiner Partei und Deutschlands gestellt. Er hat den CDU-Vorsitz aus Parteiräson an Angela Merkel abgegeben und viele Demütigungen still erduldet, um nach der Spendenaffäre 1999/2000 weiteren Schaden von der Partei abzuwenden. Er hat sich geopfert. Und er wurde zum Opfer gemacht – auf dramatische Weise schon viel früher. Dass er im Rollstuhl sitzt, ist allein seinem politischen Engagement für die Allgemeinheit geschuldet. Schäubles CSU-Ministerkollege im Kabinett Angela Merkel, Michael Glos, hat es einmal recht drastisch formuliert: »Der Mann ist im Dienst am Staat zum Krüppel geschossen worden.«

Schäuble erwartet keine Rücksicht, falsches Mitleid ist ihm zuwider, er erwartet Gerechtigkeit. Das Amt des Bundespräsidenten wäre kein Ausgleich für erfahrene Demütigungen, sondern ein später persönlicher Triumph für den Ex-CDU-Vorsitzenden. Es wäre auch ein Sieg über seinen alten Weggefährten Helmut Kohl. Die Kür zum Bundespräsidenten und eine mögliche Wahl würde Schäuble rehabilitieren, während Kohls trotziges Schweigen vor dem Spenden-Untersuchungsausschuss die historischen Leistungen des Ex-Kanzlers auf alle Zeiten mit einem dunklen Schleier bedeckt. Schäuble ist überzeugt davon, der richtige Kandidat zu sein. Er ist nicht der Einzige mit dieser Überzeugung. Ex-Bundespräsident Richard von Weizsäcker macht ihm Mut: »Sie müssen es werden!« So wie Weizsäcker denken viele Deutsche. Der Mann im Rollstuhl, der kein Mitleid, sondern Respekt haben will, ist ihnen im Gegensatz zu vielen anderen Namen im Kandidatenkarussell bekannt und vertraut.

Im Januar 2004 wird Schäuble zur alljährlichen Klausurtagung der CSU nach Wildbad Kreuth eingeladen. In der Öffentlichkeit wird das als Vorentscheidung in der Kandidatenfrage zu Gunsten Wolfgang Schäubles wahrgenommen. Zumindest die CSU steht hinter dem Kandidaten Schäuble. Warum sollte das in seiner eigenen Partei nicht auch so sein? Schäuble hat im Zuge der Spendenaffäre den unbedingten Machtwillen und die brachiale Durchsetzungskraft der Parteivorsitzenden Angela Merkel kennen gelernt. »Ich möchte nicht noch mehr verletzt werden, als dies bereits geschehen ist«, bittet er sie, als es um die Präsidentschaftsfrage geht. »Ich habe genug Verletzungen aushalten müssen, mein Bedarf ist gedeckt.« Er will Klarheit von Merkel, nachdem sich inzwischen nahezu die komplette CDU-Spitze um Friedrich Merz und Roland Koch für ihn ausgesprochen hat. Doch Angela Merkel schweigt. Wie so oft schweigt sie sich in einer schwierigen Situation aus – und macht damit in ihrer ureigenen Rhetorik deutlich, dass sie längst eine Entscheidung getroffen hat. Nur welche Entscheidung das ist, verrät sie nicht.

Schäuble will nicht glauben, dass er erneut einem komplexen Machtspiel Merkels geopfert werden soll. Er missinterpretiert das hartnäckige Schweigen der Parteivorsitzenden als ein »Ja« für sich. »Ich fürchte, das Amt wird auf mich zukommen«, sagt

> »Ich möchte nicht noch mehr verletzt werden, als dies bereits geschehen ist. Ich habe genug Verletzungen aushalten müssen, mein Bedarf ist gedeckt.«
> Wolfgang Schäuble

er noch wenige Tage, bevor Merkel ihn mit ihrem unbekannten Wunschkandidaten Horst Köhler aus der Bahn kegelt und die nächste tiefe Verletzung zufügt. Er glaubt, sein Rückhalt in der Partei und der Bevölkerung sei groß genug, um vor weiteren taktischen Manövern Merkels geschützt zu sein. Ein Irrglaube.

Denke mehrere Schritte im Voraus

Schäuble unterschätzt Merkels Fähigkeit, drei Züge im Voraus denken zu können. Es ist eine ihrer immensen Stärken, die Politik als naturwissenschaftliches Experiment betrachten zu können. In ihrer Gedankenwelt folgt auf Reaktion A Reaktion B, auf Reaktion B folgt Reaktion C. Die meisten ihrer Politiker-Kollegen sind allenfalls am Ergebnis aus Reaktion A interessiert. Folgereaktionen werden ausgeklammert oder bleiben unbedacht. Merkels Herangehensweise ist anders. Sie kalkuliert bereits zu Beginn mehrere Reaktionen ein, um auf ein bestimmtes Ergebnis zu kommen. Vom Endergebnis ausgehend, baut sie die Versuchsanordnung auf, die deshalb naturgemäß anders aussieht, als die ihrer Kollegen. Vielfach wird das als Überraschungseffekt oder Übertölpelungsstrategie missdeutet. Doch Merkels Methode ist wesentlich komplexer und feinsinniger. Der thüringische Ministerpräsident Dieter Althaus hat es einmal so ausgedrückt: »Angela Merkel macht keine Rechnung auf, deren Ergebnis sie nicht kennt.«

Sie hat ein bestimmtes Ergebnis vor Augen und richtet die Ausgangslage danach aus. Im Kandidatenpoker um das Amt des Bundespräsidenten kommt der Name »Wolfgang Schäuble« nicht vor.

> »Angela Merkel macht keine Rechnung auf, deren Ergebnis sie nicht kennt.«
> Dieter Althaus

Selbst wenn Merkel an ihn gedacht haben sollte: Eine Versuchsanordnung, die ihren Vorgänger auf dem CDU-Chefsessel ins Präsidentenamt heben würde, gibt es nicht. Schäuble ist bei der FDP um Guido Westerwelle nicht durchzusetzen, wie Merkel aus vielen Gesprächen weiß. Die Rolle Schäubles in der CDU-Spendenaffäre ist in den Reihen der Liberalen längst noch nicht vergessen. Dass er eine 100 000 D-Mark-Spende von Waffenlobbyist Karlheinz Schreiber entgegengenommen und das vor dem Parlament auch noch geleugnet hat, können und wollen ihm Guido Westerwelles Liberale nicht verzeihen. Zum Schutz des hohen Amtes und der gesamten bundesdeutschen Demokratie darf aus ihrer Sicht ein Mann, der wissentlich das Parlament belogen hat, nicht Bundespräsident werden.

Wieder einmal bietet sich für Angela Merkel die Gelegenheit, unter dem Mantel moralischer Integrität ihren eigenen Machtwillen und ihre politischen Vorstellungen voranzutreiben und durchzusetzen. Dieses Mal ist es Guido Westerwelle, der sie auf das Demokratieschild hebt und – ohne es zu wissen – mit dem Schwert moralischer Entrüstung den Weg für Merkels Wunschkandidaten Horst Köhler freischlägt. Merkel weiß, dass sie Westerwelle und die FDP in dieser Situation braucht. Ohne die Unterstützung der Liberalen hat ein CDU/CSU-Kandidat bei der Wahl keine Chance gegen die SPD-Kandidatin Gesine Schwan. Deshalb schweigt Angela Merkel gegenüber Schäuble. Sie kann ihm keine Hoffnungen machen, die sich später kaum erfüllen lassen. So viel Moral muss immerhin sein. Sie kann ihm jedoch auch nicht sagen, wie die Dinge wirklich stehen. Dadurch würde sie ihre Versuchsanordnung verraten und das Ergebnis ihres Rechenplans gefährden: Horst Köhler. In ihm fand sie Eigenschaften, die ihn als den Richtigen erscheinen ließen: Er war lange genug im Ausland, um sich von der bundesdeutschen Parteienlandschaft gelöst zu haben und würde weder als CDU-Schützling noch als Strippenzieher im Hintergrund für schlechte Presse sorgen.

Die überraschte Verwunderung bei seiner Nominierung spricht für seine Joker-Qualitäten, die Merkel in ihrem Machtpoker braucht. Fleißig, loyal und aufrichtig, ein auch bei der SPD geschätztes CDU-Mitglied, das sich zudem im Ausland zu bewegen weiß. Niemand kann Horst Köhler leichtfertig ablehnen. Der Sieg ist mit einem solchen Kandidaten sicherer zu erringen als mit jemandem, der in laufende Querelen verstrickt ist.

Suche dir ein willfähriges Werkzeug, das unpopuläre Arbeiten für dich erledigt

Mit Guido Westerwelle holt sich Merkel eine Spielfigur aufs Brett, hinter der sie sich und ihren Plan meisterhaft verstecken kann. Voll der Überzeugung, dass er und seine FDP das entscheidende Zünglein an der Waage im Präsidentschaftspoker seien, bemerkt Westerwelle überhaupt nicht, wie Merkel ihn still und unbemerkt über das Spielbrett schiebt.

Mach dir die Eitelkeiten deiner Gegner zunutze! Nach dieser Maxime handelte die CDU-Vorsitzende in der Präsidentschafts-Frage. Sie verleiht Westerwelle das Gefühl von Stärke und Macht – gleichzeitig behält sie die Fäden in der Hand und lässt den machtverliebten FDP-Mann nach ihrem Rhythmus tanzen. Es ist nicht viel mehr als ein simples taktisches Manöver. Doch Westerwelle fällt darauf herein. Er glaubt, es sei sein Rhythmus, er gäbe das Tempo vor und beherrsche die Situation. In Wahrheit hängt er an Merkels Strippen und führt nur aus, anstatt selbst zu agieren. Angela Merkel ist eine Meisterin der Manipulation. Mit einem geschickten Schachzug beugt sie zu erwartender moralischer Kritik vor und macht den FDP-Mann Guido Westerwelle zu Wolfgang Schäubles Henker. Mach dir die Hände nicht schmutzig! Suche dir ein willfähriges Werkzeug, das unpopuläre Arbeiten für dich erledigt! Instrumentalisiere und manipuliere andere so, dass sie den unangenehmen Teil deiner Pläne für dich verrichten, als wäre es ihr eigener Plan! Angela Merkel richtet ihre politischen Strategien gekonnt nach diesen Leitsätzen aus.

Anfang März 2004 schlägt sie gemeinsam mit Edmund Stoiber der FDP Wolfgang Schäuble offiziell als Präsidentschaftskandidaten vor. Eine Farce, die allein für den CSU-Vorsitzenden Stoiber veranstaltet wird. Von Westerwelle weiß Merkel längst, dass die FDP Schäuble die Unterstützung verweigern wird. Sie geht also kein Risiko ein. Als Westerwelle, wie vorgesehen, sein Veto einlegt, steht Merkel vor Stoiber und der Öffentlichkeit mit weißer Weste da.

Westerwelle ist offenkundig Schäubles Henker, nicht sie. Sie habe ja versucht, den verdienten Parteisoldaten durchzupauken, wird sie später immer behaupten können, aber die FDP war eben dagegen. So lässt sich die Vergangenheit bereits in der Gegenwart manipulieren.
In der folgenden Präsidiumssitzung der CDU am 3./4. März 2004 kann sich Merkel nun offen gegen den zuvor so hoch gehandelten Kandidaten Wolfgang Schäuble stellen: Sie bricht ihr Schweigen und spricht sich gegen Schäuble aus.
Die Fraktion der Schäuble-Unterstützer um Friedrich Merz und Roland Koch sehen daraufhin ihre Felle davonschwimmen. Der Präsidentschaftspoker ist nicht zuletzt auch ein Machtkampf zwischen Merkel und ihren innerparteilichen Konkurrenten, die erlittene Niederlagen in der Vergangenheit noch nicht verdaut haben. »Ich bin absolut unzufrieden. Das Verfahren ist sehr chaotisch«, raunzt Ministerpräsident Roland Koch am Rande der entscheidenden CDU-Präsidiumssitzung den Journalisten zu. Als Wolfgang Schäuble die Sitzung um 22 Uhr 30 verlässt, ist allen unbeteiligten Beobachtern klar, dass er das Rennen verloren hat.

> »Sie ist nie eingestanden für mich, ich bin sehr enttäuscht von ihr.«
> Wolfgang Schäuble

»So ist Politik,« wird er später darüber sagen, »ich kenne die Regeln.« Und: »Anderes hat mir stärker wehgetan.« Dennoch kann er seine Enttäuschung über die mangelnde Unterstützung Angela Merkels nicht ganz verhehlen: »Sie ist nie eingestanden für mich, ich bin sehr enttäuscht von ihr.« Das klingt bitter. Und diese Bitterkeit ist überaus verständlich.
Schäubles Schwiegersohn, der CDU-Abgeordnete Thomas Strobl, findet noch deutlichere Worte: »Zum Kotzen«, urteilt Strobl darüber, wie sein Schwiegervater erneut zum

Opfer machtpolitischer Interessen anderer gemacht wurde. In seiner letzten Rede als Fraktionsvorsitzender der CDU/CSU im Deutschen Bundestag hatte Schäuble einen Satz aus Goethes »Torquato Tasso« einfließen lassen: »So selten ist es, dass Menschen finden, was ihnen doch bestimmt gewesen war.« Treffender lässt sich seine Niederlage im Kampf um das Amt des Bundespräsidenten kaum formulieren. Dutzendfach wird ihm anschließend Mitgefühl entgegengebracht. Selbst der scheidende Bundespräsident Johannes Rau meldet sich telefonisch bei Schäuble. In einer demoskopischen Umfrage sehen rund 72 Prozent aller Deutschen den Beinahe-Kandidaten unfair behandelt.

Merkels »Konzept der weißen Weste« geht nur zum Teil auf. In der Öffentlichkeit wird sehr wohl registriert, dass Guido Westerwelle maßgeblich an Schäubles Demontage beteiligt ist. Doch auch Angela Merkels Rolle in dem unwürdigen Spiel um Macht und Eitelkeiten wird keineswegs verkannt. Als »Metzgerei Merkel« beschreibt die *Berliner Zeitung* die Vorgehensweise der CDU-Vorsitzenden im Präsidentschaftspoker. Das klingt deftig, ist aber noch harmlos gegenüber dem, was der Kommentator der *Süddeutschen Zeitung*, Heribert Prantl, am 5. März 2004 über Merkel auskippt. In seinem »Angela Machiavelli« betitelten Artikel bezeichnet Prantl die CDU-Chefin als Urheberin »eines diabolisch-genialen Plans«, der zum vorrangigen Ziel hatte, ihren »intellektuell überlegenen« Parteigenossen von vornherein auszuschalten. Nach Prantls Meinung hat sich Merkel »in rücksichtsloser und zynischer Manier durchgesetzt, ohne Rücksicht auf menschlichen Anstand gegenüber Schäuble«. Sie habe ihn so schäbig, so unehrlich und gemein behandelt, dass ihr das auch diejenigen in der Partei, die nicht zu den Mitgliedern des Fanclubs Schäuble zählten, lange nachtragen werden. Ganz Unrecht hat Prantl in seiner wütenden Analyse wohl nicht. Doch er vergisst dabei, dass es in der Politik schon lange nicht mehr um Anstand geht, falls es darum überhaupt je gegangen ist. Angela Merkel weiß, wer ihr wann und wie am besten nützlich sein kann. Politik ist für sie ein Geschäft ohne Emotionen. Das Weinen und Jammern überlässt sie gerne den Männern.

Gib deinen Gegnern das Gefühl, die Handelnden zu sein

Schäubles Ausscheiden aus dem Präsidentschaftspoker macht den Weg frei für Merkels überraschenden Köhler-Coup. Auf Reaktion A folgt Reaktion B. In der Nacht zum 4. März 2004 präsentiert sie auf der entscheidenden CDU-Sitzung eine Dreier-Kandidatenliste. An erster Stelle steht der ehemalige Bundesumweltminister Klaus Töpfer. An Nummer zwei ist die baden-württembergische Kultusministerin Annette Schavan gesetzt. An dritter Position taucht das erste Mal der Name Horst Köhler auf. Er gilt zunächst als krasser Außenseiter, als Notbehelf, der die Liste komplettieren soll. Kaum einer ahnt, dass er Merkels eigentlicher Favorit ist. Alle gehen davon aus, dass Merkel ihre Vertraute Annette Schavan unbedingt durchpauken will. Selbst nach der geglückten Nominierung Köhlers durchschauen nicht alle das verwegene Machtspiel der CDU-Vorsitzenden. *Emma*-Herausgeberin und erklärte Merkel-Unterstützerin Alice Schwarzer kommentiert enttäuscht: »Die Niederlage kann totaler nicht sein. Die Niederlage für Angela Merkel und Annette Schavan. Die Niederlage für alle Frauen.« Schwarzer orakelt gar, dass dies vielleicht »auch der Anfang vom Ende der Kanzlerkandidatin Merkel« sei. Weiter daneben hat die *Emma*-Chefin selten ge-

legen. Wie viele andere ist sie der CDU-Vorsitzenden mustergültig auf den Leim gegangen.
Es ist kaum vorstellbar, dass Angela Merkel tatsächlich gerne eine Frau im Amt des Bundespräsidenten gesehen hätte. Zumindest nicht zu diesem Zeitpunkt. Dies hätte nämlich ihre eigenen Chancen auf eine zukünftige Kanzlerinnenschaft deutlich verringert. Zwei Frauen an der Spitze der Bundesrepublik erschien auch Merkel kaum durchsetzbar. So gesehen ist die Dreier-Kandidatenliste nur eine neuerliche Farce. Auf Reaktion B folgt Reaktion C: Der CSU-Vorsitzende Edmund Stoiber streicht Annette Schavan von der Liste. Nicht zuletzt, weil er sie für Merkels Wunschkandidatin hält. Der Plan der CDU-Chefin ist nahezu perfekt. Sie verteilt Zückerchen, verleiht ihren Konkurrenten das sichere Gefühl, die Hebel fest in der Hand zu haben und peitscht im Hintergrund ihr Vorhaben gnadenlos durch. Als nächster fällt Klaus Töpfer vom Kandidatenkarussell. Seine »grünen«, umweltpolitischen Ansichten sind nicht nur dem konservativen Stoiber, sondern auch der FDP suspekt. Dass Töpfer bei der CSU und den Liberalen als Kandidat durchfallen würde, war Merkel zuvor bewusst. Er wurde nur aufs Karussellpferd gesetzt, um später wieder heruntergestoßen werden zu können. Übrig bleibt: Angela Merkels Wunschkandidat Horst Köhler.

Quid pro quo oder gibst du mir etwas, dann gebe ich dir auch etwas

In den Morgenstunden des 4. März 2004 wird die Nominierung öffentlich gemacht, nachdem der IWF-Chef aus Washington telefonisch seine Zusage erteilt hat. Am 23. Mai 2004 wird Horst Köhler mit 604 von 1204 abgegebenen Stimmen denkbar knapp zum neuen Bundes-

Quid pro quo oder gibst du mir etwas, dann gebe ich dir auch etwas

präsidenten gewählt. Es ist ein Sieg für Angela Merkel auf der ganzen Linie. In seiner Dankesrede an die Bundesversammlung sagt Köhler: »Ich liebe unser Land.« Eine ungewöhnlich emotionale Geste des politischen Quereinsteigers, der zukünftig kaum ein gegen Merkel gerichtetes Machtzentrum bilden wird. Im Gegenteil: Köhler ist ein Merkel-Verbündeter. Keine zehn Tage nach seiner Wahl bringt er ein Buch auf den Markt, in dem er die Führungsqualitäten Angela Merkels hinsichtlich einer möglichen Kanzlerkandidatur rühmt.

»Ich mische mich nicht in die Kanzlerkandidaten-Frage der Union ein«, behauptet er in dem Buch, um gleich darauf forsch nachzulegen: Er gehe aber sicher nicht zu weit, wenn er sage: »Natürlich kann eine Partei- und Fraktionsvorsitzende auch eine gute Bundeskanzlerin werden, die Deutschland aus seiner Malaise herausführt.« Direkter hat noch kein Bundespräsident vor ihm Parteipolitik gemacht. Vielleicht weil er nicht aus der Politik kommt, sondern aus der Wirtschaft. Vielleicht aber auch aus Dankbarkeit gegenüber Angela Merkel. »Quid pro quo« heißt es im Thriller »Schweigen der Lämmer«, wenn Agent Clarice Starling Informationen vom Kannibalen Hannibal Lecter haben will – gib du mir etwas, dann gebe ich dir etwas. Am 22. November 2005 wird Angela Merkel im Berliner Schloss Charlottenburg von Horst Köhler zur neuen Bundeskanzlerin vereidigt. Quid pro quo.

- ⊙ Mach dir die Eitelkeiten deiner Gegner zunutze.
- ⊙ Mach dir die Hände nicht schmutzig! Instrumentalisiere und manipuliere andere so, dass sie den unangenehmen Teil deiner Pläne für dich verrichten, als wäre es ihr eigener Plan.
- ⊙ Gib deinen Gegnern das Gefühl, die Handelnden zu sein.

Der schlechteste Wahlkampf aller Zeiten:

Fallbeispiel Paul Kirchhof

Paul Kirchhof oder der schlechteste Wahlkampf aller Zeiten

Am 12. August 2005 fuhren Paul und Jutta Kirchhof gerade auf der A8 Richtung Süden. Der Bundesverfassungsrichter a.D. und seine Frau freuten sich auf einen wohlverdienten Urlaub in »ihrem« bayerischen Ferienort. Da klingelt das Autotelefon, am Apparat Angela Merkel, die den Professor aus Heidelberg sprechen möchte: »Wir müssen reden.« Kirchhof ahnte schon, was die CDU-Kanzlerkandidatin von ihm erwartete. Beim ruhigen Telefongespräch am Abend ließ sie dann die Katze aus dem Sack: »Sind Sie bereit, dem Kompetenzteam, und das heißt, einer Bundesregierung beizutreten, mit der Verantwortlichkeit für eine Reform des Steuerrechts?« Damit ging für Kirchhof ein Traum in Erfüllung. Wenn er im Kompetenzteam diese Thematik besetzte, gar Finanzminister würde nach einer möglicherweise gewonnen Wahl, könnte er seine radikale Steuerreform tatsächlich umsetzen. Zwölf Jahre hatte er daran gearbeitet, sie war sein Lebenswerk.

Bediene dich ausgewiesener Fachkräfte

Zum Zeitpunkt des schicksalträchtigen Anrufs war Paul Kirchhof ein allseits geachteter Mann. Politiker, Manager und auch Würdenträger der Kirche drängte es in seine Nähe. Seine Plädoyers für ein einfaches und verständliches Steuersystem klangen in ihren Ohren wie reine Poesie: »Ich lade Sie ein, mir in den Garten der Freiheit zu folgen, in dem wir den Neubeginn des auch steuerlich freien Menschen wagen wollen«, rief er seinem Publikum zu. In diesem »Garten der Freiheit« werde man sein Konzept finden, ein »echtes Juwel«.
Angela Merkel braucht einen wie ihn. Gerade droht die Wählermeinung zu kippen. Die Umfragen hatten zu Beginn

des Wahlkampfs 48 Prozent Zustimmung für die CDU ergeben, das waren ganze 20 Prozent mehr als Gerhard Schröder, immerhin amtierender Kanzler, auf sich vereinen konnte. Aber jetzt verliert die strahlend gestartete Kanzlerkandidatin Prozentpunkt um Prozentpunkt an die SPD. In der Union steigt die Angst vor der »Wahlkampfmaschine Schröder« im Gleichtakt an. Fieberhaft sucht Angela Merkel nach einer »Wunderwaffe«, einem Coup. Ob sich Kirchhofs Steuermodell aber mit dem CDU-Wahlprogramm vertragen würde, darüber spricht sie am 12. August 2005 nicht mit ihrem Kandidaten. Die Zeit drängt. In fünf Tagen will Angela Merkel ihr »Schattenkabinett« vorstellen. Wie mit dem politischen Quereinsteiger Horst Köhler will sie auch mit Paul Kirchhof einen unbelasteten, unverbrauchten Neuling auf die politische Bühne holen. Es gehört zu ihrer Strategie, sich lieber mit ausgewiesenen Fachkräften zu umgeben als mit Berufspolitikern, die sich im ständigen Konkurrenzkampf untereinander verschleißen. Horst Köhler und Paul Kirchhof stehen ihrer eigenen Biografie näher als die machthungrigen Politokraten vom Schlage Wulff, Merz und Koch. Angela Merkels Personal-Maxime lautet: Bediene dich ausgewiesener Fachkräfte – misstraue machtgierigen Berufspolitikern!

> »Ich lade Sie ein, mir in den Garten der Freiheit zu folgen, in dem wir den Neubeginn des auch steuerlich freien Menschen wagen wollen.«
> Paul Kirchhof

Eine Wunderwaffe gegen den Mythos der Wahlkampfmaschine

Angela Merkel steht unter Hochdruck. So richtig will ihr gerade nichts gelingen. Als zentrale Botschaft ihres Wahlprogramms blieb nur die Mehrwertsteuererhöhung im Gedächtnis der Wähler hängen. Dass sie gleichzeitig plant, damit die Lohnnebenkosten zu senken, kommt nicht mehr an. Zu laut ist der Streit der Unions-Granden über den Verteilungsschlüssel in der Öffentlichkeit. Und ihr selbst unterläuft ein ausgesprochen peinlicher Lapsus: Verwechselt sie doch in einem Interview die Begriffe »brutto« und »netto«. Im Stich gelassen von den mächtigen CDU-Ministerpräsidenten Koch und Co., die lieber Sommerurlaub statt Wahlkampf an ihrer Seite machen, kann sie nur auf die Medien zählen.

> »Da hatte Schröder recht in seiner Medienschelte: Er war der Abschusskandidat, sie die Hoffnungsträgerin.«
> Rita Süssmuth

Selbst die eher linken *Spiegel*, *Stern* und *Die Zeit* scheinen sie zu unterstützen. »Da hatte Schröder Recht in seiner Medienschelte: Er war der Abschusskandidat, sie die Hoffnungsträgerin«, sagt Rita Süssmuth.

Am deutlichsten wird das nach dem TV-Duell. Während Angela Merkel vor allem bei den Journalisten punktete, sahen die Wähler Gerhard Schröder als Sieger. Der Wahlkampfleiter Edmund Stoibers 2002, Michael Spreng, begründet das damit, »dass die CDU-Wahlstrategen offenbar nicht bemerkten, dass Frau Merkel von den Wählern schon als neue Chefin der Deutschland AG, als ›gefühlte Kanzlerin‹ empfunden wurde. Von der ›gefühlten Kanzlerin‹ wird aber erwartet, dass sie die Fragen nach dem Warum und Wohin überzeugend und mit Emotion (Wärme) beantworten kann.« Der »gefühlte Herausforderer« Gerhard Schröder bezauberte hingegen mit seinem Witz, Charme und der Liebeserklärung an seine Frau.

Am 17. August 2005 stellt Angela Merkel der Öffentlichkeit ihr so genanntes Kompetenzteam, ihr Schattenkabinett vor. Und Paul Kirchhof ist der Überraschungskandidat. Es ist eine bewährte Strategie, die sie sich da zunutze machte: Der renommierte Experte als Überraschungsgast im Wahlkampf. So hatte es ihr Gerhard Schröder im Wahlkampf 2002 mit der Berufung des VW-Personalvorstands Peter Hartz vorgemacht, der als erfolgreicher Manager Aufbruch und Reformwillen verkörperte. Auch Konrad Adenauer hatte sich mit Ludwig Erhard, dem Vater des Wirtschaftswunders in den Fünfzigerjahren, einen allseits anerkannten Fachmann an die Seite gestellt. Noch während der ersten Wochen scheint Merkels Strategie tatsächlich aufzugehen: »Die Leute spüren, dass es da jemand ernst ist, etwas Neues zu wagen. Sie finden es toll, dass ein anerkannt hochbegabter Fachmann wie Paul Kirchhof aus dem zähen Geflecht der täglichen Kompromisssuche herausragt wie ein Leuchtturm«, beschreibt sie die Begeisterung für Kirchhofs Steuermodell. »Das politische Gezerre um Reformmillimeter haben die Menschen satt, weil es das Land zu wenig voranbringt. So jemand wie Paul Kirchhof war sehnsüchtig erwartet.« Der ehemalige CDU-Bundesgeschäftsführer Peter Radunski prophezeit: »Ab heute wird Paul Kirchhof eine zentrale Rolle in der deutschen Finanzpolitik spielen.« Seine Prophezeiung wird sich allerdings als frommer Wunsch erweisen. Beim ersten Treffen des Kompetenzteams im Berliner Konrad-Adenauer-Haus fragt der CDU-Ministerpräsident Peter Müller, was denn

> »Die Leute spüren, dass es da jemand ernst ist, etwas Neues zu wagen. Sie finden es toll, dass ein anerkannt hochbegabter Fachmann wie Paul Kirchhof aus dem zähen Geflecht der täglichen Kompromisssuche herausragt wie ein Leuchtturm ... Das politische Gezerre um Reformmillimeter haben die Menschen satt, weil es das Land zu wenig voranbringt. So jemand wie Paul Kirchhof war sehnsüchtig erwartet.«
>
> Angela Merkel

Kirchhof von der von ihnen geplanten Mehrwertsteuererhöhung halte. Natürlich sei er nicht glücklich, antwortet Kirchhof und verweist auf seine Forschungen, in denen er genau nachweisen konnte, dass man allein mit der Bekämpfung des Steuermissbrauchs mehr Geld einnehmen könne als mit einer höheren Mehrwertsteuer. »Nicht auch das noch«, rufen die anderen potenziellen Minister besorgt um weitere Aufregung, und Kirchhof nickt. Für alle sieht es so aus, als habe er verstanden.

> »Die Parteien nehmen ihr Programm meistens ernster als die Theologen die Bibel.«
> Günther Beckstein

Am 28. August 2005 ist Kirchhof der Stargast auf dem CDU-Wahlparteitag. Er darf auf einem Ehrenplatz neben Helmut Kohl Platz nehmen. Auf dem Rückflug sitzt er neben dem bayerischen Innenminister und Mitstreiter im Kompetenzteam, Günther Beckstein. Der meint ernst: »Die Parteien nehmen ihr Programm meistens ernster als die Theologen die Bibel.« Kirchhof denkt, das sei ein Scherz. Es war aber eine gut gemeinte erste Warnung.

Von einem, der auszog, in dieser Republik den Reformeifer wieder anzufachen

Sehnsüchtig hatten aber vor allem Gerhard Schröder und Joschka Fischer auf den »Professor aus Heidelberg« gewartet. Nach dem ersten Schreck über Merkels Überraschungs-Coup wird Kirchhof zum Lieblingsprügelknaben aller roten und grünen Politiker, ein Dämon aus der Kältekammer des Kapitalismus. Fischer ruft auf den Markplätzen seinen Anhängern zu: »Wenn der drankommt, reicht der Montag nicht mehr zum Demonstrieren. Da werdet ihr die Zehn-Tage-Woche beim Demonstrieren einführen.« Schröder spricht von dieser »merkwürdigen Gestalt«, diesem »Mann der Kälte«, der »von Realitäten wenig Ahnung« habe. Im TV-Duell mit Angela Merkel donnert er: »Das Modell Kirchhof ist nicht nur eine Vision – man kann ja nicht ein ganzes Volk zum Versuchskaninchen von Herrn Kirchhof machen wollen –, sondern es ist in einer Weise ungerecht, wie es kaum zu überbieten ist ... Das kann doch nicht ernsthaft Vision genannt werden.«

Schröder erwähnt nicht, dass das eigentliche Versuchskaninchen Paul Kirchhof selbst ist. Angela Merkel begreift seine Nominierung für ihr Kompetenzteam als eine Art wissenschaftliches Experiment. Vielleicht würde es gelingen, vielleicht aber auch nicht. Es gehört zu Angela Merkels strategischen Prinzipien, etwas zu riskieren. Paul Kirchhof war so ein Risiko. Das wusste sie. In ihrer naturwissenschaftlichen Welt gehört es dazu, dass Experimente auch einmal danebengehen können. Sie können misslingen, aber niemals scheitern. Menschen können scheitern, Experimente nicht.

Auf dem Parteitag in Berlin greift der Kanzler den »Superstar« der Union dann frontal an: »Wenn er sagt, die Rente könne behandelt werden wie die KfZ-Versicherung, dann ist das ein Menschenbild, das wir bekämpfen müssen. Menschen sind keine Sachen!«,

> »Das Steuerkonzept ist bestechend. Aber ich habe wieder einmal registrieren müssen, dass Quereinsteiger verbrannt werden, bevor sie Wirkung erzielen.«
> Oswald Metzger

ruft er in den Saal. Dieser Vorwurf trifft Paul Kirchhof besonders. Er erwartet eine Entschuldigung von Gerhard Schröder. Doch die kam nie. Kirchhof tröstet sich mit Zuspruch von ungewohnter Seite. Ausgerechnet der grüne Finanzexperte Oswald Metzger macht sich für den politischen Quereinsteiger stark: »Ich finde das Konzept nach wie vor gut«, urteilt Metzger über Kirchhofs steuerpolitische Vorstellungen. »Das Steuerkonzept ist bestechend. Aber ich habe wieder einmal registrieren müssen, dass Quereinsteiger verbrannt werden, bevor sie Wirkung erzielen.«

Paul im politischen Wunderland

Kirchhofs Ausflug auf das neue Terrain Politik scheint unter der Überschrift zu stehen »Paul im politischen Wunderland«. Nicht einmal mehr in den eigenen vier Wänden ist der Wissenschaftler sicher vor Angriffen. Sein Faxgerät spuckt laufend Hasstiraden aus: »Alle Schmähungen, die es in der deutschen Sprache gibt«, umschrieb er es später dezent. Während es in seiner akademischen Laufbahn darum gegangen war, so zu formulieren, dass er verstanden wurde, muss er nun so formulieren, dass seine Worte nicht verfälscht werden können. Dieser Umdenkprozess macht ihm schwer zu schaffen. Angela Merkel nimmt es zunächst gelassen und verteidigt ihren Verfassungsrichter a. D. und Professor für Steuerrecht, den sie zum Finanzexperten bestellt hatte: »Was mit Herrn Kirchhof geschieht, ist eine unglaubliche Verleumdung vonseiten der Sozialdemokraten«, sagt sie auf einer Wahlveranstaltung in Koblenz. »Diese Sprache habe ich im Zusammenhang mit den Hartz-Reformen nur von Gysi, Lafontaine und der PDS gehört.«

> »Was mit Herrn Kirchhof geschieht, ist eine unglaubliche Verleumdung vonseiten der Sozialdemokraten.«
> Angela Merkel

Selbst Bundespräsident Horst Köhler gesteht später, dass ihm der Gedanke gekommen war, mäßigend in den Wahlkampf einzugreifen, der von der SPD mehr und mehr auf den »Professor aus Heidelberg« zugespitzt wurde. »Ehrlich gesagt, der Gedanke kam mir«, verrät Köhler im Dezember 2005 dem *Stern*. »Ich dachte, es darf doch nicht wahr sein, dass man einen zwar eigenwilligen, aber doch auch klugen Mann wie Paul Kirchhof als Fantasten und Anwalt der sozialen Kälte stigmatisiert. Das wird weder dem wichtigen Anliegen der sozialen Gerechtigkeit noch der Person Kirchhof gerecht ... Und jetzt gab es mit ihm, was es in Wahlkämpfen viel zu selten gibt: eine echte Alternative, etwas inhaltlich völlig Neues.« Die Phalanx der politischen Quereinsteiger hätte also gestanden. Es wäre eine neuerliche taktische Meisterleistung von Angela Merkel gewesen. Doch Köhler wollte und konnte als Bundespräsident nicht unmittelbar in die Parteipolitik eingreifen. Das hatte er bereits einmal, ganz am Anfang seiner Amtszeit getan, als er sich für Angela Merkel als Kanzlerkandidatin der CDU/CSU einsetzte. Das haben ihm viele übel genommen.

Aus dem »Experiment Kirchhof« wird in kürzester Zeit das »Problem Kirchhof«. Die Versuchsanordnung lässt sich nicht mehr ändern. Angela Merkel versucht deshalb, in den Reaktionsprozess einzugreifen. Wenn ein Experiment aus den Fugen gerät, greife ein

> »Es darf doch nicht wahr sein, dass man einen zwar eigenwilligen, aber doch auch klugen Mann wie Paul Kirchhof als Fantasten und Anwalt der sozialen Kälte stigmatisiert.«
>
> Horst Köhler

und versuche den Prozess so zu steuern, dass am Ende doch dein erwünschtes Resultat herauskommt! Nach diesem Leitsatz handelt Merkel, als die Anfeindungen gegen ihren ursprünglichen Wahlkampf-Coup immer größer werden. Um das »Problem Kirchhof« zu entschärfen, versucht sie den sperrigen Steuerfachmann nun intern auf das CDU-Programm einzuschwören. »Man habe ihn die ersten zwei Wochen zu frei laufen lassen«, heißt die Fehleranalyse in der CDU-Zentrale. Er sollte ja reden, aber anstatt für die Unionsideen in den Wahlkampf zu ziehen, machte er Werbung für sein eigenes radikales Steuerkonzept. Angela Merkel hatte die Eitelkeit eines Professors mit Visionen unterschätzt. Selbst die CDU-Anhänger, ihre sicher geglaubten Wähler, waren verwirrt und wussten nicht mehr, welches Programm eigentlich galt.

Ein Maulkorb für den Wahlkampfknaller

Vor allem eine 418 Punkte umfassende Liste, die wie sein ganzes Konzept auf Paul Kirchhofs Internetseite frei zugänglich war, wird als Subventionsstreichungsliste missverstanden und liefert den Stoff für Schröders Attacken. Sie vor allem bringt die Unionskämpfer in Bedrängnis. Egal, wo sie auftreten, fragen die Leute: Was ist dran an den Streichungsplänen für Kleinsparer, Nachtarbeiter, Pendler und Jugendbetreuer?
Nun ist es mit Merkels Gelassenheit vorbei: Interview-Anfragen an Kirchhof werden abgesagt. Die Wahlkampfberater, die ihm die Union an die Seite gestellt hatte, sollen noch wachsamer sein. Ihn selbst beschleicht irgendwann das Gefühl, die Parteileute wollten ihn »in Armeestärke« begleiten, »um mir hin und wieder ein Stichwort zu geben«. Aber Kirchhof scheint die Regeln der »Vier-Augen-Gesellschaft«, wie sie der frühere Schröder-Berater Bodo Hombach beschrieben hat, nicht lernen zu wollen. Der tiefe Graben zwischen der öffentlichen Debatte, »in der Illusionen ungestraft verbreitet werden« können, und der privaten Diskussion, in der man »sich stöhnend die Wahrheit sagt«, ist Kirchhof so fremd wie Alice das Wunderland. »Das war nicht meine Sprache. Es ging um Individualität und Identität«. Für einen Professor mag das zutreffen,

aber für einen, der bald Finanzminister werden will, nicht. Auf einer Pressekonferenz sagt er noch einmal, er wolle zahlreiche Vergünstigungen abbauen: »Für die nächste Legislaturperiode hoffe ich auf 400. Da will ich mich nicht begrenzen lassen«. Die *Deutsche Presse-Agentur (dpa)* meldet das per Ticker in alle Redaktionen. Noch am frühen Abend kommt die korrigierte Fassung vom Konrad-Adenauer-Haus ebenfalls via *dpa*: Kirchhof wolle »nicht schon bis 2009 möglichst alle der etwa 400 Steuervergünstigungen abbauen. Vielmehr wolle er zunächst die steuerpolitischen Vorschläge des Regierungsprogramms von CDU/CSU umsetzen«, heißt es jetzt umständlich. Angela Merkel hatte ihm einen Maulkorb verpasst.

Jetzt stand der Wahlsieg der Union auf dem Spiel. Angela Merkel und ihr Wahlkampfteam betreiben von nun an fieberhaft Schadensbegrenzung. Kirchhof muss nach dem Gespräch mit seiner »Chefin« die umstrittene Liste aus dem Netz nehmen. Seine Mitarbeiter werden auf strengste Geheimhaltung eingeschworen und alle gedruckten Exemplare in seinem Büro in der Heidelberger Universität vernichtet. Die Mitarbeiter löschen auch auf den Computern alle Versionen der Liste. Die letzten Tage vor der Wahl versuchen Angela Merkel und ihr Wahlkampfbüro, den »Knaller Kirchhof«, der nach hinten losgegangen war, so gut es ging zu verstecken. In Köln durfte er das Rathaus nur über die Tiefgarage betreten, in das Dorint-Hotel gelangt er durch den Personaleingang und schlängelt sich zwischen den Service-Wagen hindurch, in Bochum kommt er durch den Seiteneingang zur Wahlkampfveranstaltung in das Rittergut Haus Laer. Alle anderen ziehen über den Roten Teppich ein. »Was soll das?«, fragt er unwillig, aber für Antworten haben die Unionisten keine Zeit mehr. Kurz vor der Wahl wird er von Angela Merkel überhaupt nicht mehr erwähnt.

Der verirrte Unglücksvogel dagegen hofft unbeirrt, dass nach der Wahl alles besser wird: »Dann kann man wieder offener sprechen.« Dann sei er Finanzminister und sitze zunächst einmal auf einem »Sack Geld und mit einem Finanzminister kooperiert man«. Er verkennt, was Angela Merkel inzwischen längst erkannt hat: Die CDU verbreitete im Wahlkampf bisher mit ihrem eisern vertretenen, rein wirtschaftlich orientierten Reformwillen soziale Kälte in der Republik. Die Menschen wollten nicht »Chancen nutzen«, wie es die CDU-Plakate versprachen, »sondern erwarten von Parteien Antworten auf ihre Sorgen und existenziellen Ängste«, kritisiert Michael Spreng. Paul Kirchhof war für die Menschen zum Symbol dieses eiskalten Klimas geworden. Diejenigen, die von radikalen Steuerreformen begeistert waren, wählten am 18. September 2005 dann doch lieber das Original – die FDP.

Beende ein Experiment, wenn es gescheitert ist!

Noch in der Wahlnacht sitzen Angela Merkel, Generalsekretär Volker Kauder, der stellvertretende Fraktionsvorsitzende Ronald Pofalla, Annette Schavan und Norbert Röttgen bis drei Uhr früh im Arbeitszimmer ihrer Chefin. Was jetzt, diskutieren sie, während unten im Foyer Servicekräfte die Reste der matten Wahlparty wegräumen. Angela Merkel weiß, ihr bleibt noch eine Chance, um ins Kanzleramt zu kommen. Dafür muss sie aber ihre Partei sofort hinter sich bringen. Nicht einmal 48 Stunden nach der desaströsen Wahl stellt sie sich der wichtigsten Abstimmung auf ihrem Weg zur Bundeskanzlerin: der Wiederwahl zur Vorsitzenden der Unionsfraktion im Bundestag. 219 Abgeordnete stimmen mit »Ja«, nur drei mit »Nein«.

Mit 98,6 Prozent vereint sie die Partei hinter sich. Die feiert sie mit »unglaublichem Beifall«. Jeder spürte, was das für ein Kraftakt war, heißt es später.

Mit diesem Ergebnis kann sie in die Koalitionsverhandlungen gehen. Im Wahlkampf sagte sie noch: »Die große Koalition, mit einer SPD, wie sie momentan vorhanden ist, ist der sichere Weg, dass die notwendigen Veränderungen in Deutschland nicht stattfinden«. Mit dem Steuerrechtler Kirchhof versprach sie damals, dass die

> » Die Akte Politik ist für meine Biografie geschlossen. Ich habe in dem turbulentesten Jahr meines Lebens erfahren, wie schön es ist, Professor aus Heidelberg zu sein.«
>
> Paul Kirchhof

»zweiten Gründerjahre« anbrechen würden. Nach der Wahl kommt sein Name nicht mehr über ihre Lippen. »Ihre große Koalition« rechtfertigt sie mit dem Hinweis: »Wenn´s der Wähler nun mal so gemacht hat«. Es ist eben, wie es ist. Das »Experiment Paul Kirchhof« ist gescheitert, Angela Merkel beendet es mit wissenschaftlicher Emotionslosigkeit. Für ihre Fehler zahlen andere. Paul Kirchhof war für sie eine Möglichkeit. Nicht mehr, aber auch nicht weniger. Nur vier Wochen CDU-Wahlkampf reichten aus, um den einst so guten Ruf des Steuerexperten zu ruinieren. Trotz seiner negativen Erfahrungen macht Kirchhof nach dem gescheiterten Experiment zukünftigen politischen Quereinsteigern Mut: »Hingehen, auf jeden Fall hingehen!«, rät er. In diesem Punkt ist er sich mit Angela Merkel noch immer einig: Die Politik braucht Wissen von außen.

Für ihn selbst aber gilt: »Jeder hat einen Wurf. Die Akte Politik ist für meine Biografie geschlossen. Ich habe in dem turbulentesten Jahr meines Lebens erfahren, wie schön es ist, Professor aus Heidelberg zu sein«, sagt er in einem Interview mit dem *Stern* am Jahresende 2005 selbstironisch. Das Prädikat »Professor aus Heidelberg« hatte ihm Gerhard Schröder in der heißen Phase des Wahlkampfs verliehen. »›Made in Germany‹ wurde erfunden, um deutsche Produkte zu diskriminieren, aber es hat sich als Qualitätsmerkmal erwiesen«, resümiert Paul Kirchhof. »Genauso erlebe ich es mit dem ›Professor aus Heidelberg‹.«

- Bediene dich ausgewiesener Fachkräfte und misstraue machtgierigen Berufspolitikern!
- Wenn ein Experiment aus den Fugen gerät, greife ein und versuche den Prozess so zu steuern, dass am Ende doch dein erwünschtes Resultat herauskommt.
- Wenn der Knaller nicht zündet, wirf ihn weg oder: Beende ein Experiment, wenn es gescheitert ist.
- Es ist eben, wie es ist.

Christdemokratische Wende ...

Mach deine Konkurrenz überflüssig:
Fallbeispiel Gregor Gysi

Mach deine Konkurrenz überflüssig

Gregor Gysi hat – im Gegensatz zu Angela Merkel – zu DDR-Zeiten wohl nie davon geträumt, im Hotel Kempinski Austern zu essen. Der heutige Experte in »Ostbefindlichkeit« war zunächst strikt gegen die Vereinigung der beiden deutschen Staaten. »Mit mir ist die deutsche Einheit nicht zu machen«, betont er im November 1989, als er in den Arbeitsausschuss der SED (Sozialistische Einheitspartei Deutschlands) berufen wird.

Unter dem Druck der friedlichen Revolution fordert der letzte Vorsitzende des Ministerrats der DDR, Hans Modrow, seit dem 13. November 1989 Ministerpräsident, nun Reformen in der Partei, die 40 Jahre lang die Alleinherrschaft in der DDR hatte und jetzt unter Rechtfertigungszwang steht. Am 1. Dezember streicht die Volkskammer die Führungsrolle der SED aus dem Artikel 1 der DDR-Verfassung. Am Abend des 2. Dezember zieht die Parteibasis vor das ZK-Gebäude und ruft »Wir sind die SED!« Sprechchöre fordern den Rücktritt von Egon Krenz und des gesamten Politbüros. Es ist Gregor Gysi, der neben dem Nachfolger Erich Honeckers steht und die radikale Reform der Partei fordert. Er ist der neue Hoffnungsträger der Partei. Bis zu diesem Zeitpunkt ist er, trotz seiner SED-Mitgliedschaft, vor allem als Anwalt von Robert Havemann, Rudolf Bahro und Bärbel Bohley aufgefallen.

Nachdem sich am 3. Dezember das Politbüro aufgelöst hatte, übernimmt der Arbeitsausschuss mit Gysi die Parteigeschäfte. Bereits am 4. November spricht der damals 41-Jährige bei der legendären Großdemonstration am Alexanderplatz – an seiner Seite die beiden Schriftsteller Christa Wolf und Stefan Heym. Gerade noch war er das Idol der aufgebrachten DDR-Bürger, kurz darauf wird er zum Helden der rebellierenden SED-Basis. Es ist Gysi, der auf dem Parteitag am 8. Dezember 1989 die SED davor warnt, sich selbst aufzulösen. Er mahnt, das »Selbstbestimmungsrecht der DDR-Bevölkerung« nicht zu verspielen und wird zum Parteivorsitzenden der SED gewählt. Das Charisma des redegewandten Anwalts und überzeugten Kommunisten, der an den Sozialismus glaubt, hat die Delegierten überzeugt.

Was warst du im November 1989?

Gregor Gysis politische Karriere hat in den Umbruchzeiten 1989 begonnen, auch wenn er noch 1995 sagt: »Ich wollte in meine Anwaltskanzlei zurück. Ich war ein politischer Mensch, aber kein Politiker. Irgendwie verunsicherte es mich auch, dass ich plötzlich derart exponiert war. Ich wollte wieder raus aus dieser Mühle.«
Angela Merkel war im November 1989 noch Physikerin und

> »Ich wollte in meine Anwaltskanzlei zurück. Ich war ein politischer Mensch, aber kein Politiker. Irgendwie verunsicherte es mich auch, dass ich plötzlich derart exponiert war. Ich wollte wieder raus aus dieser Mühle.«
> Gregor Gysi

keineswegs politisch aktiv. Die folgenreichen Tage im November 1989 hat sie ganz anders in Erinnerung. Als am 9. November 1989 das SED-Politbüromitglied Günter Schabowski im Fernsehen die neue Reiseregelung des Ministerrats der DDR erklärte, nach der »Privatreisen nach dem Ausland ... beantragt werden« können, rief Angela Merkel sofort ihre Mutter an und sagte ihr in Erinnerung an den Familienspruch »Wenn die Mauer weg ist, gehen wir ins Kempinski Austern essen«: »Es ist jetzt soweit«. Dann aber ging sie »wie jede Woche in die Sauna.« Sie habe damals nicht geglaubt, dass die Mauer sofort aufgeht. Tatsächlich waren es vor allem die vielen Menschen, die sich am 9. November abends an der Mauer versammelten, die die Grenzpolizisten zwangen, die Übergänge freizugeben. Auch Angela Merkel machte sich nach dem Saunagang mit ihrer Freundin auf den Weg zum Grenzübergang Bornholmer Straße und dann in den West-Berliner Bezirk Wedding. Sie wollte ihre Tante in Hamburg anrufen, was aber an mangelnden West-Münzen und einer fehlenden Telefonzelle in Grenznähe scheiterte. Dafür feierte sie: »Ich habe Leute getroffen, und irgendwann saßen wir in einer Wohnung bei einer fröhlichen West-Berliner Familie, von wo aus ich telefonieren konnte. Die wollten dann alle noch auf den Ku'damm, aber ich bin lieber zurückgegangen, ich musste am nächsten Morgen früh raus.« Gregor Gysi war da schon zu Bett gegangen, auch er hatte einen harten Tag vor sich.

Am 13. November fuhr Angela Merkel auf Dienstreise nach Polen. Ihre polnischen Kollegen zeigen sich über ihr tatsächliches Kommen überrascht, »wo dort doch gerade alles so spannend sei.« Es sind die Polen, die Angela Merkel prophezeien, »dass bei ihrem nächsten Berlin-Besuch Deutschland wohl schon wiedervereinigt« sei. »Das hat mir die Augen geöffnet«, erzählt sie später, »so weit hatte ich nicht gedacht.« Als sie zurückkam, riefen immer weniger Menschen auf den legendären Montagsdemonstrationen »Wir sind *das* Volk« und immer mehr: »Wir sind *ein* Volk«. Manche aber, auch Freunde von Merkel, reagierten im November »richtig deprimiert«. Sie befürchteten: »Nun wird das nichts mehr mit dem so genannten ›dritten Weg‹.« Alles laufe jetzt auf eine schnelle Wiedervereinigung hinaus und der Osten werde vom Westen domestiziert. Mitte Dezember wurden schon auf dem Leipziger Weihnachtsmarkt Unterschriften für die deutsche Einheit gesammelt. Und Angela Merkel machte sich auf die Suche nach einer geeigneten Partei, zusammen mit ihrem Chef in der Akademie der Wissenschaften, Klaus Ulbricht.

Willkommen in der Politik oder bestimme Strukturen und Hierarchien lieber selbst!

Während die Proteste auf der Straße immer mächtiger wurden, baute die Bürgerrechtsbewegung trotz der massiven Repressionen durch die Stasi und die Volkspolizei effiziente politische Strukturen auf. Bereits am 9. September war das Neue Forum gegründet worden, eine Sammelbewegung, die sofort vom Innenministerium der DDR als staatsfeindlich eingestuft worden war. Bei seinen Versammlungen hatte auch Angela Merkels Vater, der Pfarrer Horst Kasner, teilgenommen. Am 12. September konstituierte sich Demokratie jetzt, am 1. Oktober folgte der Demokratische Aufbruch (DA). Als Angela Merkel zum ersten Mal bei Rainer Eppelmann, einem der führenden Köpfe des DA und der Oppositionsbewegung, vor der Tür steht, waren die gefährlichen Zeiten vorbei. Keiner der Aktivisten musste mehr in regelrechtem Wettlauf mit der Polizei zu einem geheimen Treffpunkt kommen, dessen Adresse kurz zuvor auf handgeschriebenen Zettelchen konspirativ verteilt worden war. Merkel selbst datiert ihren politischen Aufbruch auf Ende November oder Anfang Dezember 1989. Ihr Biograf Gerd Langguth vermutet, dass sie kurz vor Weihnachten 1989 beim DA angefangen hat. Damit war ihre erste politische Entscheidung zu Gunsten Rainer Eppelmanns Demokratischem Aufbruch gefallen.
Vorher hatte sie sich genau umgesehen. Mit Klaus Ulbricht besuchte sie die am 7. Oktober gegründete Sozialdemokratische Partei in der DDR, die SDP (später SPD). Während Ulbricht beitrat, wollte sie lieber erst noch bei Rainer

Eppelmann »vorbeischauen«. Heute sagt sie über die damaligen Sozialdemokraten: »Zunächst schien dort alles schon perfekt zu sein. Ein Ortsverein aus dem Westen hatte organisatorisch alles geregelt. Alle duzten sich, sie sangen ›Brüder, zur Sonne, zur Freiheit‹ – das war nichts für mich.« Westdeutsche SPD-Folklore war nicht ihr Stil. Beim Neuen Forum wurde ihr zu viel diskutiert. Diese Basisdemokratie entsprach ihr ebenso wenig. Der Demokratische Aufbruch dagegen war zu dieser Zeit ein eher »chaotischer Haufen« ohne festes politisches Programm. Hier fand Angela Merkel, was sie suchte: »Ich dachte, da kann ich noch etwas beitragen zur Festigung. Außerdem wollte ich eine vielfältige Parteienlandschaft. Damals sah es so aus, als würde sich allein die SPD als neue Partei durchsetzen.« Politisch stand der DA noch genau wie sie am Anfang. Es war ein strategisch klug gewählter Weg von Merkel, sich zunächst nicht in die festen Strukturen einer hierarchisch geführten Partei zu begeben. Sie handelte in dieser frühen Phase ihres politischen Aufbruchs nach dem Prinzip: Gehe dorthin, wo du die Strukturen und Hierarchien noch selbst mitbestimmen kannst!

Während sie Flugblätter in ihrer Wohnung entwarf und druckte, ließ der neue SED-Parteichef Gregor Gysi die Büros der alten Kader schließen, damit diese nicht noch mehr Akten vernichten konnten. Er räumte in der SED auf, um ihren Fortbestand zu sichern. Mit dem Ende der DDR – nach dem 9. November war nichts mehr wie vorher – starteten beide, Merkel wie Gysi, eine neue Karriere als Politiker unter ganz unterschiedlichen Voraus-

> »Ich dachte, da kann ich noch etwas beitragen zur Festigung. Außerdem wollte ich eine vielfältige Parteienlandschaft. Damals sah es so aus, als würde sich allein die SPD als neue Partei durchsetzen.«
> Angela Merkel

setzungen und mit unterschiedlichen Zielen. Angela Merkel, als entschiedene DDR-Gegnerin, formuliert später: »Ich wollte in den Bundestag. Ich wollte eine schnelle deutsche Einheit, und ich wollte die Marktwirtschaft.« Die DDR war nie ihre Heimat gewesen, weder politisch noch persönlich.

In der einzigen jemals frei gewählten Volkskammer feilen sie tagsüber gemeinsam an einer neuen Verfassung. Als stellvertretende Regierungssprecherin reist Angela Merkel abends regelmäßig mit dem Ministerpräsidenten Lothar de Maizière nach Bonn. Dort geht es ohne Gregor Gysi um die deutsche Einheit. De Maizière hatte das gute Ergebnis für die (Ost)-CDU bei den Volkskammerwahlen als klaren Auftrag für eine Wiedervereinigung gewertet. Angela Merkel arbeitet begeistert mit. Während Gysi sich im Kampf mit der SED-Vergangenheit aufreibt, gestaltet Angela Merkel die Zukunft mit. Ihre Maxime lautete: Belaste dich nicht mit Vergangenem, sondern setze deine Energien gezielt für die Zukunft ein!

> »Ich wollte in den Bundestag. Ich wollte eine schnelle deutsche Einheit, und ich wollte die Marktwirtschaft.«
>
> Angela Merkel

Heimat DDR oder Ossi ist nicht gleich Ossi

Gregor Gysi dagegen war sehr wohl in der DDR zu Hause. Seine Eltern waren Kommunisten, die als Widerstandskämpfer von den Nazis verfolgt worden waren und als DDR-Helden voller Überzeugung das System unterstützten. Allein ihre Herkunft aus dem jüdischen Bürgertum machte sie den Parteioberen stets verdächtig. Es ist eine weit- und weltläufige Familie. Mitte der Sechzigerjahre wurde Gregors Vater Klaus Gysi Kulturstaatsminister und setzte in dieser Funktion das Verbot vieler systemkritischer Filme und Bücher durch. Später lebte er in Rom als Botschafter der DDR. Gregor Gysis Tante ist die englische Schriftstellerin Doris Lessing. Seine Schwester, die Schauspielerin Gabriele Gysi, lebte einige Zeit mit dem schon zu DDR-Zeiten als rebellisch bekannten Regisseur Frank Castorf zusammen.

Der junge Gregor bewegte sich in der DDR-kritischen Intellektuellen-Szene, war aber als »Heldenkind« durchaus privilegiert. Gysi ist zwar überzeugter Kommunist, aber kein Anhänger des Unrechtsstaates DDR. Als Anwalt verteidigte er den Regime-Kritiker Rudolf Bahro und den Bürgerrechtler Robert Havemann. Er ist einer der drei bekannten Juristen der Opposition, über die in den Achtzigerjahren gesagt wird: »Willst du in den Westen, nimm den Anwalt Lothar de Maizière. Willst du im Osten bleiben, geh zu Gysi. Und bei Wolfgang Schnur findest du dich manchmal im Westen wieder, obwohl du es gar nicht wolltest.« Natürlich konnten sie kaum verhindern, dass die Aktivisten ins Gefängnis kamen, aber sie verteidigten sie ohne faule Kompromisse, holten für ihre Mandanten heraus, was eben möglich war, und erhielten den Oppositionellen gleichzeitig den später so gerühmten »aufrechten Gang«.

> »Wir haben immer mitgelebt mit der Bundesrepublik, wenn auch aus der Ferne.«
> Angela Merkel

Völlig gegensätzlich verläuft Angela Merkels Sozialisation in der DDR. Sie lebt in einem seltsamen Niemandsland, einer Art »innerer Systemopposition«. *Die Welt* spricht sogar von einem westlichen Leben im Osten, das sie dem West-Fernsehen verdanke. »Wir haben immer mitgelebt mit der Bundesrepublik«, beschreibt Angela Merkel ihre damalige Sehnsucht nach dem anderen Teil Deutschlands, »wenn auch aus der Ferne«. Dort herrschte die Freiheit, die sie suchte. Ihre Freunde wussten sehr wohl, was sie von dem DDR-System hielt, aber Angela Merkel sagte es nicht öffentlich. Beim Abwasch in der heimischen Küche dagegen zählte sie auswendig die Namen westdeutscher Politiker auf und trug auch in der Schule ihre West-Jeans und -Parkas von der Tante aus Hamburg. Ihr späterer Professor Ralf Der sagt über die Studentin: »Sie sah toll aus, jung, offen, frecher kurzer Haarschnitt, West-Klamotten.«

Als Pfarrerstochter befand sie sich wie Gysi in einer privilegierten Außenseiterposition. Schon als Kind hatte sie gelernt, was auch immer zu Hause gesprochen oder gelesen wurde, in der Schule nicht zu erzählen. Und als Pfarrerstochter musste sie besser sein als die anderen. Ihr Vater versuchte zwar, seine Kinder zu schützen, riet ihnen, der Jugendorganisation FDJ beizutreten, und warnte sie vor allzu viel öffentlicher Rebellion. Aber 1972 wurde die Schülerin trotzdem fast der erweiterten Oberschule in Templin verwiesen. Ihre Klasse weigerte sich, eine Agitprop-Stunde für den Vietkong zu machen. Horst Kasner riet den Elft-Klässlern, doch wenigstens irgendein Agitprop-Programm zusammenzustellen und nicht die schon zugesagten Studienplätze zu riskieren. »Damals musste man sich ja schon in der 11. Klasse für einen Studienplatz bewerben, und Angela hatte einen bekommen für Physik in Leipzig. Eine Pfarrerstochter und einen Studienplatz, das war schon eine tolle Sache«, betont der Vater heute noch stolz. Als Kompromiss trugen die Schüler ein Gedicht von Christian Morgenstern vor und sammelten für die mar-

> »Sie sah toll aus, jung, offen, frecher kurzer Haarschnitt, West-Klamotten.«
> Ralf Der

xistische Befreiungsbewegung Mosambiks. Den dennoch drohenden Ärger konnte der bekannte Pfarrer mit Hilfe seiner guten Kontakte in die oberste Kirchenleitung ablenken und die ganze Aufregung von der »Stasi-Schiene wieder auf die Schulschiene« herunterstufen. Mit der entsprechenden Petition ging Angela bis zum obersten Kirchenjuristen der DDR, damals Manfred Stolpe. Mit Erfolg: Die Schüler fliegen nicht, alle dürfen studieren!

> »Grundrechenarten und Naturgesetze konnte eben selbst die DDR nicht außer Kraft setzen. Zwei mal zwei musste auch unter Honecker vier bleiben.«
> Angela Merkel

Angela Merkel machte Karriere als Physikerin, schaffte es schon mit 32 Jahren an die renommierte Akademie der Wissenschaften. Auf die Frage, warum sie sich ausgerechnet die Physik ausgesucht hat, antwortet sie: »Grundrechenarten und Naturgesetze konnte eben selbst die DDR nicht außer Kraft setzen. Zwei mal zwei musste auch unter Honecker vier bleiben.«

Ein Leben im Wartestand oder bestimme dein Schicksal selbst!

In dieser »Zwischenzeit« hat Angela Merkel gelesen, um es irgendwie auszuhalten in dem System. Wie viele andere führte sie ein Leben im Wartestand. In den Achtzigerjahren, als längst schon deutlich wurde, wie marode die DDR war, schien das ganze Land in diese Agonie zu fallen. Also las sie: Marcuse, Bahro, Weizsäcker-Reden, Gorbatschow, Popper, Sacharows Aufsätze, die deutschen Klassiker, Ernst Fraenkel, Uwe Johnson, alles über die Quantenphysik und über die physikalische Chemie. Ihr unersättlicher Leseeifer wirkt wie eine Art Vorbereitung auf ihre spätere Karriere – wie eine Art Selbstschulung, um für den Zeitpunkt des politischen Erwachens gewappnet zu sein.

Im Dezember 1989 begann sie dann ihr zweites Leben in der Politik. Ähnliche Biografien wie sie haben auch der heutige SPD-Chef Matthias Platzeck und Verkehrsminister Wolfgang Tiefensee. Ein tiefer Einschnitt und die entscheidende politische Erfahrung in ihrem Leben war der Fall der Mauer. Sie war dabei, wie ein System zerbrach und auch ihr persönliches Leben komplett »umgebrochen« hat.

> »Sie war ja damals schon die gescheite Frau, die sie heute ist ...«
> Heiner Geisler

Viele ihrer Freunde oder Kollegen von damals berichten, dass sie Angela Merkel nicht wiedererkennen. Der Baseler Operndirektor Michael Schindhelm und ehemaliger Arbeitskollege spricht gar von ihr »als Rätsel«. Kein Wunder, die Politikerin Merkel hat damals ja noch gar nicht existiert.

1990 war für viele wie für Angela Merkel die Stunde Null gekommen. Eine zweite Chance für ein zweites Leben, und diese Chance ließ sie sich nicht nehmen. Jetzt bloß nichts falsch machen, könnte ihre Devise gelautet haben: Sie setzte gleich auf den Sieger. Damals hieß der Helmut Kohl mit seiner CDU. Obwohl viele im DA, auch Rainer Eppelmann, der Ost-CDU kritisch gegenüberstanden. Als »Blockflöten-Partei« hatte diese die DDR immer mitgetragen. Bis dahin hatten mehr Zufall und Glück Regie geführt in Merkels kurzem Nachwendeleben als sie selbst. Nun hieß es: Bestimme dein Schicksal selbst, stelle frühzeitig die Weichen für deine weitere politische Karriere! Nach diesem Leitsatz handelte Angela Merkel zu diesem Zeitpunkt. Gregor Gysi dagegen kämpfte für den Osten – für die Vergangenheit.

Der Auskunfts-Ossi versus die Gesamtdeutsche

Im neuen und vereinten Deutschland wird Gregor Gysi schnell zum meistgehassten Politiker des Landes. Als ehemaliger SED–, jetzt PDS-Chef steht er in der öffentlichen Meinung für die Unverbesserlichen, für die Stasi, für die alten Funktionäre – kurz für alle diejenigen, die den Unrechtsstaat DDR möglich gemacht und aktiv mitgearbeitet haben.
Angela Merkel dagegen wird nicht nur in den Bundestag gewählt, sondern gleich zur Ministerin. Sie ist glücklich. Bösen Vorurteilen, dass sie nicht qualifiziert sei und den Posten nur dem Ost-Bonus verdanke, begegnet sie ähnlich, wie sie es auch schon in der DDR gemacht hat. Mit viel Fleiß arbeitet sie sich schnell ein und besticht durch ihre Kompetenz. Die Bonner Republik soll so schnell wie möglich zu ihrer Republik werden, die Ost-Quote zählt im alltäglichen Politikgeschäft nicht lange. Die CDU wird zu ihrer neuen Heimat: Helmut Kohl hat die Einheit möglich gemacht und sie in die Regierung geholt. Die CDU ist gleichzeitig so »westdeutsch«, wie sie es sich immer gewünscht hat. Sie erarbeitet sich die Anerkennung zum Beispiel von Heiner Geißler: »Sie war ja damals schon die gescheite Frau, die sie heute ist ... Wenn sie nur nicht diese typisch Ossi-liberale Position gehabt hätte«, sagt er später. Er erklärt Merkels politischen Standpunkt damals mit einem Umkehrschluss: »Für die SED war der Kapitalismus der Todfeind, da für einige in der DDR, wie Angela Merkel, die SED zwar nicht der Todfeind, aber das eigentliche Übel war, hat sie – wie viele andere, vor allem auch Bürgerrechtler – umgekehrt negativ daraus geschlossen, dass reziprok kontradiktorisch der reine, pure Kapitalismus was richtig Gutes sein muss.« Spätestens als Partei-

vorsitzende verwirft sie diese Haltung und orientiert sich an der »Neuen sozialen Marktwirtschaft« und der »Wir-Gesellschaft«.

In dieser Zeit verstand der Westen den Osten nicht und umgekehrt, die beiden Hälften Deutschlands hatten sich entfremdet. Gregor Gysi als PDS-Chef wusste immer sehr genau, was die Leute im Osten bewegt, er wird zum Vermittler zwischen den Welten.

> »Für die SED war der Kapitalismus der Todfeind, da für einige in der DDR, wie Angela Merkel, die SED zwar nicht der Todfeind, aber das eigentliche Übel war, hat sie – wie viele andere, vor allem auch Bürgerrechtler – umgekehrt negativ daraus geschlossen, dass reziprok kontradiktorisch der reine, pure Kapitalismus was richtig Gutes sein muss.«
>
> Heiner Geißler

Als begnadeter, mit Ironie ausgestatteter Redner, übernimmt er schnell die Stelle des »Auskunfts-Ossis«. Kein Marktplatz, auf dem er nicht punktet, kaum eine Talkshow, deren Sessel er nicht als Sieger verlässt. Aber als Erklärer war er nicht nur in den Medien gefragt. Auch Wolfgang Schäuble und selbst Helmut Kohl fragten gerne nach, wie die neuen Bürger im Osten denn so denken. Und sie hörten gerne zu: Er ist ja ganz und gar nicht ideologisch, sondern witzig. Dennoch schaffte es die PDS nicht, als gesamtdeutsche Partei erfolgreich zu werden.

Im August 2004 wendete sich das Blatt. Als sich gerade das politische Berlin in den Sommerurlaub verabschiedete, meldete Andreas Ehrholdt aus Magdeburg eine Demonstration gegen die Hartz-IV-Reform der rot-grünen Bundesregierung an. Auch er hat eine klassische »Ost-Karriere« hinter sich: Als Arbeitsloser absolvierte er mehrere Umschulungen und Weiterbildungen, verschickte Hunderte Bewerbungsschreiben und sah dennoch keine berufliche Zukunft für sich. Er rechnete erst mit 200 Teilnehmern für die Demonstrationen, aber es werden 1000. Und plötzlich treffen sich montags auch im Westen mehrere Hunderttausend auf der Straße. Die Gewerkschaften sind ebenfalls mit dabei und frustrierte Sozialdemokraten – der Anfang vom Ende der Schröder-Regierung. Im Westen gründet sich die WASG (Wahlalternative Arbeit und soziale Gerechtigkeit). Der Ex-SPD-Politiker Oskar Lafontaine tritt erst als Redner auf und dann, im Zuge seines absehbaren Comebacks, auch gleich als Mitglied bei. Damit hat Gregor Gysis PDS endlich einen adäquaten West-Partner gefunden. Die beiden Parteien finden als gemeinsame Linkspartei zur Bundestagswahl zusammen und punkten wieder vor allem im Osten.

> »Merkel zeigt nicht, dass sie aus dem Osten ist.«
> Gregor Gysi

Schröders Neuwahl-Coup vom Frühjahr 2005 hätte Angela Merkel nicht besser planen können. Vielleicht zum ersten Mal ist sie die unangefochtene Chefin in der CDU und betont als Kanzlerkandidatin immer wieder: »Ich will die Kanzlerin aller Deutschen werden.« Ob nun Edmund Stoiber die Ostdeutschen als »Frustrierte« beschimpft oder der Brandenburger CDU-Chef Jörg Schönbohm die »erzwungene Proletarisierung des Ostens« als Ursache für einen neunfachen Kindermord in Frankfurt an der Oder ausmacht – Angela Merkel vertritt das Motto »Kein Sonderwahlkampf Ost«. Genau diese Haltung wirft ihr Gregor Gysi vor: »Merkel zeigt nicht, dass sie aus dem Osten ist«. Ihre Strategie »über Jahre hinweg das typisch Ost-Deutsche an ihr nicht zu zeigen« hält er für einen Fehler.

Gysi verkennt dabei, dass sie längst viel weiter ist. Während seine politische Existenz von einem nostalgischen »Ostalgie«-Gefühl in den neuen Bundesländern abhängt, hat sich Angela Merkel mit ihrer zukunftsweisenden Strategie ganz nach oben gekämpft. Sie ist nach 16 Jahren Einheit wohl die erste Gesamtdeutsche: In ihrem ersten Leben war sie Physikerin im Osten und im zweiten Politikerin im Westen. Sie macht den Auskunfts-Ossi überflüssig. Der PDS-Chef Lothar Bisky unterliegt bei der Wahl im Parlament zum Bundestagsvizepräsidenten mehrmals. Der empörte Aufschrei von Gregor Gysi, der Bundestag habe mit Bisky gleichsam den ganzen Osten ausgegrenzt, verhallt ungehört.

- Gesamtdeutsch sticht ostdeutsch.
- Mit ostdeutschen Befindlichkeiten gewinnt man keine gesamtdeutsche Wahl.
- Manche Gegner werden von der Zeit erledigt.

Schlusswort oder der Fall Schröder

Das Elefantengedächtnis von Helmut Kohl ist allgemein bekannt. Kritiker seiner Politik bleiben für den Altkanzler stets Feinde auf Lebenszeit. In Kohls Weltanschauung ist man für oder gegen ihn, ein »Dazwischen« existiert nicht. Sein ehemaliges »Mädchen«, die jetzige Bundeskanzlerin Angela Merkel, pflegt einen anderen Umgang mit politischen Konkurrenten und Kritikern. Sie achtet auf die Grautöne zwischen den Extremen. Vor allem ist sie nicht nachtragend. In der Politik ist dieser Charakterzug von unschätzbarem Wert. Wann immer Merkel ein alter Konkurrent oder Kritiker nützlich sein kann, überwindet sie Vergangenes und macht einen Schritt auf ihn zu.

> »Wenn ich der Schröder wäre, würde ich die Merkel mehr fürchten als jeden anderen.«
> Wolfgang Schäuble

Nur einmal hat sie Rache geschworen, im Jahr 1996, als der damalige Ministerpräsident von Niedersachsen, Gerhard Schröder, sie während der so genannten Energiekonsensgespräche bloßstellte und in den Medien lächerlich machte. Die damalige Bundesumweltministerin schwor Rache. »Ich habe ihm gesagt, dass ich ihn irgendwann genauso in die Ecke stellen werde. Ich brauche dazu noch Zeit, aber eines Tages ist es soweit. Darauf freue ich mich schon«, kündigte Merkel 1997 in einem Gespräch mit der Fotografin Herlinde Koelbl angriffslustig an. Vier Jahre später, im Januar 2001, bestätigt Wolfgang Schäuble, dass Angela Merkels Rachegelüste noch keineswegs verraucht sind: »Wenn ich der Schröder wäre, würde ich die Merkel mehr fürchten als jeden anderen.«

Die Stunde ihrer späten Rache ist für den 18. September 2005 geplant. Doch nach einem desaströsen Wahlkampf der CDU/CSU platzt der Traum von einem klaren Triumph über Gerhard Schröder noch am Abend der Bundestagswahl wie eine Seifenblase. Nur 35,2 Prozent der Wähler haben für die Union gestimmt. Nachdem vorher Werte oberhalb der 40-Prozent-Marke prognostiziert waren, kann die Schlappe schlimmer kaum sein. Doch immerhin liegt man noch einen knappen Prozentpunkt vor Gerhard Schröders SPD. An diesem Vorsprung halten sich die Unions-Vorsitzenden Angela Merkel und Edmund Stoiber fest, als sie zur »Elefantenrunde« ins Hauptstadtstudio des *ZDF* schreiten. Was sich dort anschließend ereignet, wird Fernsehgeschichte schreiben.

Die Prozentpunkte, die Gerhard Schröder entgegen vorherigen Umfragen auf den letzten Metern des Wahlkampfs noch zugelegt hat, haben den SPD-Kanzler in einem bislang nicht gesehenen Ausmaß euphorisiert. Körpereigene Endorphine oder purer Alkohol? Journalisten und Fernsehzuschauer rätseln gemeinsam, was die Ursachen für Schröders verbale Rundumschläge in der Elefantenrunde sind. Zunächst attackiert der Kanzler die beiden Diskussionsleiter, den *ZDF*-Chefredakteur Nikolaus Brender und den *ARD*-Chefredakteur Hartmann von der Tann. Anschließend setzt er zum Panter-Sprung auf seine Konkurrentin Angela Merkel an: »Glauben Sie im Ernst, dass meine Partei auf ein Gesprächsangebot von Frau Merkel bei dieser Sachlage einginge, indem sie sagt, sie möchte Bundeskanzlerin werden. Also, ich meine, wir müssen die Kirche doch mal im Dorf lassen. Die Deutschen haben doch in der Kandidatenfrage eindeutig votiert. Das kann man doch nicht ernsthaft bestreiten.«

Beim Kameraschwenk auf Angela Merkel hat man für wenige Sekunden den Eindruck, sie könnte tatsächlich die Fassung verlieren. Ihre starre Mimik, die oftmals als »Pokerface« bezeichnet wird, verrutscht. Ihre Mundwinkel zucken leicht. In ihrem Kopf scheint es hektisch zu arbeiten: Habe ich irgendetwas übersehen, irgendetwas nicht

bedacht? Ist es nicht Gesetz in der Demokratie, dass die stärkste Fraktion den Bundeskanzler stellt? Gibt es einen Weg, dass Schröder sich im Amt halten kann? Welchen Trick hat er noch auf Lager? Waren 15 Jahre Demokratie-Schulung doch nicht genug? Die Musterschülerin wackelt. Doch schon bei der nächsten Attacke Schröders festigt sich Merkels Mimik wieder. Ihr Pokerface stabilisiert sich.
»Ich sage Ihnen: Ich führe Gespräche. Und ich sage Ihnen heute voraus: Die werden erfolgreich sein«, poltert Schröder in seiner One-Man-Show weiter. »Wenn Frau Merkel eine Koalition hinkriegt mit der FDP und den Grünen, dann kann ich dagegen nichts sagen. Das werde ich auch nicht tun. Aber sie wird keine Koalition unter ihrer Führung mit meiner sozialdemokratischen Partei hinkriegen. Das ist eindeutig. Machen Sie sich da gar nichts vor!«
Merkel reagiert darauf, wie sie immer reagiert, wenn andere einen Fehler machen, von dem sie profitieren kann: Sie schweigt.
Sie weiß: Gerhard Schröder hat keinen weiteren Trick auf Lager, stattdessen redet er sich immer weiter ins Abseits.
Auf einem Kongress über Naturwissenschaften ist Angela Merkel einmal gefragt worden, wie man die Schulausbildung junger Frauen verbessern könnte. Die CDU-Vorsitzende hat daraufhin erzählt, wie es zugehe, wenn ein Junge und ein Mädchen vor einem Experimentiergerät stünden. »Das Mädchen guckt, überlegt, denkt sich was aus«, sagte Merkel. »Es schreibt was auf – und greift erst dann zum Gerät und fängt an zu versuchen.« Der Junge hingegen habe das Gerät inzwischen längst mit Beschlag belegt. »Die ersten fünf Minuten denkt man, dass er alles darüber weiß, wie es geht – und stellt dann nach dem zehnten Fehlversuch fest, dass er es überhaupt nicht weiß.« Man könne froh sein, wenn das Gerät anschließend nicht völlig kaputt sei.

Schlusswort oder der Fall Schröder

Gerhard Schröder benimmt sich am Wahlabend in der Elefantenrunde wie der kleine Junge, der das Experimentiergerät nicht mehr aus den Händen geben will. Er riskiert damit nicht nur seinen Ruf als »Medienmeister«, unbewusst tut er etwas viel Richtungweisenderes: Er rettet mit seinen Tiraden seine Konkurrentin Angela Merkel, die durch das desaströse Wahlergebnis schwer beschädigt ist. »Ohne Schröders Ausbruch wäre sie am nächsten Tag weg gewesen«, urteilt ein treuer Merkel-Anhänger später. Doch Merkel ist nicht weg am nächsten Tag. Wie so oft erobert sie ein Amt nicht im Sturm, sondern stolpert hinein. Sie gerät am Abend des 18. September 2005 aus dem Gleichgewicht, doch sie kommt nicht zu Fall.
Gut zwei Monate später ist ihr Triumph über Gerhard Schröder perfekt. Am 22. November 2005 übergibt ihr der scheidende Kanzler offiziell das Berliner Kanzleramt. Merkel dankt ihm in einer kurzen Rede. »I did it my way« – das sei das Motto seiner Kanzlerschaft gewesen, sagt die neue Bundeskanzlerin und lächelt verschmitzt. Drei Tage zuvor hatte ein leicht indisponiertes Bundeswehrorchester den alten Kanzler beim Großen Zapfenstreich mit einer schrägen Version von Frank Sinatras »My Way« zu Tränen gerührt. Schröders Tränen wurden in der Öffentlichkeit als Stärke gedeutet. Ein Mann, noch dazu ein Staatsmann, der sich seiner Tränen nicht schämt, zeigt, der öffentlichen Meinung nach zu urteilen, Größe. Angela Merkel weiß, dass das für Frauen in der Politik nicht gilt. Als Bundesumweltministerin unter Helmut Kohl musste sie diese bittere Erfahrung machen. In einer Kabinettssitzung brach sie in Tränen aus, als es ihr nicht gelang, ihre Vorstellungen durchzusetzen. Die männlichen Kabinettskollegen spotteten später: »Als Frau hält sie dem Druck eben nicht stand.« Seitdem kontrolliert Angela Merkel ihre Emotionen in der Öffentlichkeit mit

eiserner Disziplin. Auch das ist ein Element ihrer politischen Strategie.

Umso authentischer wirken die sparsam eingesetzten Emotionen bei den ersten Auslandsreisen der neuen Bundeskanzlerin. Ob sie Jacques Chirac in Paris mit einem charmanten Lächeln begegnet, vom amerikanischen Präsidenten George W. Bush die Schließung des US-Internierungslagers Guantanamo auf Kuba fordert oder an der Holocaust-Gedenkstätte Yad Vashem in Jerusalem einen Kranz niederlegt – stets wirkt Angela Merkel echt und natürlich. In ihrer sparsamen Gestik ist nichts Aufgesetztes zu erkennen. Es scheint, als verfolge sie in den ersten Monaten ihrer Kanzlerinnenschaft eine bereits bewährte Strategie: Sammle durch Staatsbesuche im Ausland Sympathiepunkte in der Heimat! Der grüne Ex-Außenminister Joschka Fischer hat ihr vorgemacht, wie man durch staatstragende Auftritte im Ausland vom ungeliebten Außenseiter zum beliebten Politik-Star werden kann. Auch bei Merkel scheint diese Strategie zu funktionieren. Bei ihrem ersten EU-Gipfel hat sie bewiesen, dass sie sich auch international gut schlägt. Rita Süssmuth ist beeindruckt: »Ihre Fähigkeit ist die situative Flexibilität, und das setzt eine bestimmte Souveränität voraus. Sie kann sie wagen, weil sie sich etwas zutraut, und dieses Zutrauen ist nicht einfach ein phantastisches, sondern sie kann sich sehr realistisch einschätzen. Sie weiß um die Fähigkeiten, die sie hat.« Eine Fähigkeit, die ihr auch in der Koalition hilft.

> »Ihre Fähigkeit ist die situative Flexibilität, und das setzt eine bestimmte Souveränität voraus. Sie kann sie wagen, weil sie sich etwas zutraut, und dieses Zutrauen ist nicht einfach ein phantastisches, sondern sie kann sich sehr realistisch einschätzen. Sie weiß um die Fähigkeiten, die sie hat.«
>
> Rita Süssmuth

Nach demoskopischen Umfragen erscheint sie Mitte Januar 2006 im *ZDF-Politbarometer* auf der Pole-Position der beliebtesten deutschen Politiker. Dabei spielt sicher auch ein psychologisches Element eine Rolle: Bei ihrem Amtsantritt wurde sie – wie immer – unterschätzt. Die in sie gesetzten Erwartungen waren denkbar gering.

Als sie nun aber beweist, dass sie doch etwas kann, schlägt sich die Überraschung darüber in ungeahnt hohen Sympathiewerten nieder. Trotzdem bleibt Angela Merkel vorsichtig. Als sie am 11. Dezember 2005 gemeinsam mit dem frisch gekürten neuen Vorsitzenden der SPD, Matthias Platzeck, in die *RTL-Show* zum Jahresrückblick *Menschen, Bilder, Emotionen* eingeladen wird, fordert sie einen alleinigen Auftritt. Keinesfalls will sie mit dem neuen Shooting-Star der SPD gemeinsam auf Günther Jauchs Talk-Sofa Platz nehmen. Sie schätzt Platzeck – doch sie fürchtet den direkten medialen Vergleich, den sie vielleicht verlieren könnte. Gut eine Woche zuvor war sie noch gemeinsam mit ihrem Vize-Kanzler Franz Müntefering in Johannes B. Kerners Jahresrückblick *Menschen 2005* erschienen. Von dem fleißigen, doch unscheinbar wirkenden Parteisoldaten der SPD droht anscheinend keine Gefahr im direkten medialen Vergleich. Matthias Platzeck hat das, was sie nicht hat: Er ist »charming«, sie dagegen überhaupt kein »Glamourgirl«. Angela Merkel kann sich sehr gut selbst einschätzen.

In nur 15 Jahren hat sich Merkel bis ganz nach oben »durchgebissen«. Ihre Strategie funktioniert also. Als Seiteneinsteigerin aus dem Osten lernte sie schneller als andere. Vielleicht ist diese Eigenschaft das Einzige, was von ihrer »Ost-Identität« noch übrig geblieben ist in ihrem neuen politischen Leben. Schon in der DDR hatte sie sich durch Fleiß und Kompetenz und nicht durch Privilegien und politischen Opportunismus an die renommierte Akademie der Wissenschaften gekämpft. Keine andere Strategie hätte die Pfarrerstochter in die heiligen Hallen der Wissenschaften gebracht. Heute bestreitet keiner mehr, mit wie viel Klugheit sie es von einer unbekannten Physikerin im Abseits zur ersten deutschen Bundeskanzlerin geschafft hat. Zum ersten Mal versucht jetzt niemand mehr an ihrem Stuhl zu sägen. Das macht sie sichtbar sicherer. Plötzlich lächelt sie viel und wirkt entspannt. Ihr, wie sie selbst es einmal nannte, »Tante-Emmi-Gesicht« aus den Neunzigerjahren, also das mit den heruntergezogenen Mundwinkeln, hat sie in die Mottenkiste gepackt. Doch die Luft auf dem Gipfel ist dünn. Es ist leichter nach oben zu kommen, als sich oben zu halten. Ob Angela Merkel auch dafür eine Strategie hat, wie man oben bleibt, wird sie in der Zukunft beweisen müssen. Rita Süssmuth sagt: »Sie betont schon immer sehr stark, das Ziel ist der Weg. Das hat den Vorteil, dass sie dadurch das Ziel auch immer wieder verändern kann. Trotzdem muss sie aufpassen, dass sie über lauter Weg nicht das Ziel aus den Augen verliert.«

Am 22. November 2005, dem Tag, an dem sie Kanzlerin wird, zeichnet Klaus Stuttmann eine Karikatur von ihr, die Angela Merkels Strategie wunderbar auf den Punkt bringt. Gleichzeitig zeigt er hier, wie stark ihr Siegeszug von der Überheblichkeit ihrer männlichen Gegner in allen Parteien profitierte. Zu spät haben die Herren aller politischen Couleur nämlich erkannt, was das Einzige ist, was Angela Merkel wirklich nicht kann: klein beigeben!

> »Sie betont schon immer sehr stark, das Ziel ist der Weg. Das hat den Vorteil, dass sie dadurch das Ziel auch immer wieder verändern kann. Trotzdem muss sie aufpassen, dass sie über lauter Weg nicht das Ziel aus den Augen verliert.«
>
> Rita Süssmuth

HANSER

Ein Top-Manager zieht Bilanz.

Henzler
**Das Auge des Bauern
macht die Kühe fett**
240 Seiten.
ISBN 3-446-40216-0

Er hat unzählige Unternehmen beraten, Generationen von Managern kommen und gehen sehen, seine Meinung ist gefragt in Politik und Wirtschaft: Herbert Henzler. Das manager magazin zählt ihn zu den 50 mächtigsten Managern Deutschlands.

Henzler redet Klartext: Er geißelt die unselige Konferenz- und Versammlungssucht, die besonders in deutschen Unternehmen populär ist, prangert die operative Hektik an, die oft gerade dann ausbricht, wenn die geistige Windstille am größten ist, und wendet sich gegen die Kontrollfreaks, die jede kühne Idee im Keim ersticken.

Mehr Informationen zu diesem Buch und zu unserem Programm
unter **www.hanser.de/wirtschaft**

HANSER

Ein Polit-Krimi ersten Ranges.

Kroh
Wendemanöver
356 Seiten.
ISBN 3-446-40271-3

Der Zusammenbruch der DDR und der Mauerfall kamen völlig überraschend, Kohl nutzte die Gunst der Stunde und leitete die deutsche Wiedervereinigung ein. Das ist die offizielle Lesart – bis heute.

Dieses Buch macht mit der Legende Schluss: Die Hauptakteure der Wende wurden keineswegs von den Geschehnissen 1989 überrascht. Vielmehr war sie das Resultat langjähriger konspirativer Verhandlungen und geheimdienstlich gesteuerter Aktionen zwischen West und Ost.

Mehr Informationen zu diesem Buch und zu unserem Programm
unter **www.hanser.de/wirtschaft**

HANSER

Über Vereine, Investoren und Fans!

Hintermeier/Rettberg
Geld schießt Tore
320 Seiten.
ISBN 3-446-40411-2

Fußball ist ein knallhartes Milliardengeschäft. Es geht um Investments, Strategien, Marktanteile und Expansionsgelüste. Wo geht die Reise hin? Wie sind die milliardenschweren Engagements der russischen und der US-Investoren zu bewerten, die den Markt aufrollen wollen? Haben kleinere Clubs auf Dauer auch nur den Hauch einer Chance gegen Giganten wie Manchester United oder Juventus Turin?

Dieter Hintermeier und Udo Rettberg stellen harte Fragen und bieten klare Antworten. Und sie sagen, was sich ändern muss, damit Fußball wieder zu dem wird, was er sein sollte: ein Spiel – von Menschen, mit Menschen, für Menschen.

Mehr Informationen zu diesem Buch und zu unserem Programm
unter **www.hanser.de/wirtschaft**

Das unabhängige Online-Magazin für Wandel in Wirtschaft und Gesellschaft

changeX

- *Täglich neu.*
- *Mit Reportagen, Interviews, Buchrezensionen, Essays und Berichten.*
- *Von bekannten Journalisten und Autoren.*

Das Online-Magazin changeX ist das führende Medium für Entscheider und Multiplikatoren, die den Wandel in Wirtschaft und Gesellschaft konstruktiv mitgestalten wollen. Im Partnerforum von changeX schalten Anzeigenkunden Inserate in Form von Texten. Sie erreichen direkt eine hochinteressierte Leserschicht von Entscheidern und Multiplikatoren in Wirtschaft und Gesellschaft.

»changeX, eines der lebendigsten und ideenreichsten Online-Portale
zu Wirtschafts- und Gesellschaftsfragen ...«
Carl Hanser Verlag, München

»changeX beschreibt den Wandel in der deutschen Wirtschaft
und Gesellschaft. Die Texte signalisieren: Sei mutiger,
entfalte Eigeninitiative, jammere nicht – wie
es viele Deutsche nun einmal gern tun.«
Tanja Busch, *Financial Times Deutschland*, Berlin

»Immer auf der Höhe der Zeit.«
Dagmar Deckstein, *Süddeutsche Zeitung*, München

»Wirtschaft im Internet kann sogar spannend sein.«
Die Welt, Berlin

»Eine der ersten Adressen im Netz.«
Wolf Lotter, *brand eins*, Hamburg

Abopreise
Halbjahresabo 25 Euro
Jahresabo 48 Euro

Bestellen unter
www.changeX.de/abo.html

Kontakt:
changeX gmbh
Kordonhausgasse 6
85435 Erding
Tel.: 08122 892063 30
Fax: 08122 892063 59
E-Mail: *redaktion@changex.de*
www.changex.de